たったの72パターンで こんなに話せる ポルトガル語会話

CD BOOK

浜岡究

はじめに

「本当に必要なことだけを、すっきり、簡潔に覚えたい！ とにかく最初は、基本的なことだけを話せるようになりたい！」

「私たちが日常生活でよく使うパターンを覚えて、そこに自分の好きな動詞や名詞・形容詞をあてはめてみればいいだけ！」

　私たちが日本語の生活の中で使っているパターンは、実を言うとそれほど多くはありません。フレーズの出し方や終わり方などを数十種類も知っていれば、普段の会話は成立しています。

　会話でめったに使われない動詞の時制や例外の項目などは省いて、パターンに必要なポルトガル語文法のエッセンスをすっきりとまとめました。

　本文のフレーズにはルビがふってありますが、発音はパターンを見ながらCDを聴いて、ゆっくりと覚えていきましょう。

　「Parte I　これだけは!!　絶対覚えたい重要パターン21」では、最も基本的な会話のパターンを、基礎文法を使って覚えます。
　「Parte II　使える！　頻出パターン51」では、もう少し視野を広げて、私たちが日常でよく用いる表現をバラエティー豊かに学んでいきます。

　サンパウロやリオデジャネイロの大都市は発展を続け、言語も変容しています。動詞活用は単数形ですます傾向にあります。そのあたり

のことも事前に研究し、現地調査と追跡調査から本書に合理的に取り入れました。

　語学の勉強を楽しく継続して、話せるようになりたいという願いは学習者の共通のものでしょう。本書はその手助けです。ブラジル、ポルトガル、アンゴラ、モザンビーク、ギニア・ビサウ、東ティモールはもちろん、日本にも存在すると思われるポルトガル語圏において、活躍してほしいと思っています。
　なお、本書では、ブラジルのポルトガル語の常用口語表現を中心にしています。発音や文法の違いについても説明してあります。

　最後に、原稿に目を通してくれた同僚Fernando Hatsumuraさん、拓殖大学の教え子の山下英さん、荻原浩さん、刊行までお世話になった明日香出版社の皆様にも感謝いたします。

2013年4月
浜岡　究

注：本書は、ブラジルのポルトガル語（PB）を扱っています。CDの音声もPBです。

◆**CDの使い方**◆

CDには、各フレーズが日本語→ポルトガル語の順に収録されています。ポルトガル語が実際にどのように話されているかを確認しながら聴いてください。
次に、発音やリズムをまねて、実際に言ってみましょう。
慣れてきたら、日本語の後に自分でポルトガル語を言ってみましょう。

Conteúdo

ポルトガル語・基本の基本！…8

絶対覚えたい重要パターン21

1. これは〜です／Este é 〜 …22
2. 私は〜です／Eu sou 〜／Eu estou 〜 …26
3. 私は〜が好きです／Eu gosto de 〜 …30
4. 私は〜しています／Eu estou -ndo（現在分詞）…34
5. 〜するつもりです／Eu vou＋動詞の原形 …38
6. 〜と思います／Eu acho que＋文章 …42
7. 〜しました／主語＋動詞の過去形 …46
8. 〜していました／主語＋動詞の半過去形 …50
9. …から〜しています／主語＋動詞の現在形＋há＋時の表現 …54
10. 〜することができます／Eu posso＋動詞の原形 …58
11. 〜しなければなりません／Eu tenho que＋動詞の原形 …62
12. 〜したいです／Eu quero＋動詞の原形 …66
13. 〜があります／Tem 〜 …70
14. 〜は何ですか？／O que é 〜？…74
15. 何が〜ですか？／Qual é 〜？…80
16. 〜は誰？／Quem é 〜？…84
17. 〜はいつ？／Quando é 〜？…88
18. 〜はどこですか？／Onde é 〜？…94
19. どうして〜？／Por que 〜？…98
20. 〜はどう？／Como vai 〜？…102
21. 〜はどれくらい？／Quanto 〜？…106

Parte II
使える！頻出パターン51

22 〜がほしいのですが／Eu queria 〜 …114
23 〜したいのですが／Eu queria 〜 …116
24 〜はいかがですか?／Você queria 〜? …118
25 〜されますか?／Você queria 〜? …120
26 〜するのはどう?／O que você acha de 〜? …122
27 〜したらどう?／Por que não 〜? …124
28 〜しよう／Vamos 〜 …126
29 〜じゃないかな／Parece que 〜 …128
30 〜だといいね／Eu espero que 〜 …130
31 以前は〜だったよ／Antigamente＋主語＋動詞の半過去形 …132
32 〜させて／Me deixe 〜 …134
33 〜をありがとう／Obrigado(a) por 〜 …136
34 〜してごめんね／Desculpe por 〜 …138
35 〜じゃない?／Não é 〜? …140
36 そんなに〜じゃないよ／Não é tão 〜 …142
37 とても〜だよ／É muito 〜 …144
38 あなたは(君は)〜しないの?／Você não＋動詞の現在形? …146
39 あなたは(君は)〜しなかったの?／Você não＋動詞の過去形? …148
40 〜かもしれない／(主語＋)pode 〜 …150
41 〜すべきだよ／(主語＋)deve 〜 …152
42 〜するはずだよ／(主語＋)deverá 〜 …154
43 〜するはずでした／(主語＋)deveria 〜 …156

44	～すればよかった／Seria melhor ～	…158
45	～のはずがない／Não pode ～	…160
46	～に違いない／Deve ser ～	…162
47	～をお願いします／～, por favor.	…164
48	～しないで／Não+動詞の接続法現在形	…166
49	～してもいい?／Eu posso ～?	…168
50	～してもよろしいですか?／Eu poderia ～?	…170
51	～してもらえない?／Você pode ～?	…172
52	～していただけませんか?／Você poderia ～?	…174
53	～が必要です／Eu preciso de ～	…176
54	～する必要があります／Você precisa ～	…178
55	どんな～?／Que tipo de ～?	…180
56	よく～するの?／Você costuma ～?	…182
57	～そうだね／Parece ～	…184
58	～によるよ／Depende de ～	…186
59	～ってこと?／Quer dizer ～?	…188
60	～だよね?／～, não é mesmo ?	…190
61	～はどんな感じ?／Como é ～?	…192
62	～はうまくいった?／Passou em ～?	…194
63	～がんばってね!／Boa sorte no / na ～!	…196
64	～おめでとう!／Parabéns por ～!	…198
65	～の場合には／Em caso de ～	…200
66	何時に～?／A que horas ～?	…202
67	～を楽しみにしているよ／Eu estou ansioso para ～	…206
68	～で困っているの／Eu tenho um problema com ～	…208
69	～だから／porque ～	…210
70	～のとき／Quando ～	…212
71	もし～だったら、…／Se ～, …	…214
72	～のほうが…だ／mais+形容詞+do que …	…216

カバーデザイン：渡邊民人(TYPE FACE)
カバーイラスト：草田みかん
本文デザイン　：TYPE FACE
本文イラスト　：qanki

◎ ポルトガル語・基本の基本！ ◎

1. 名詞

　ポルトガル語の名詞には男性と女性のふたつの性があります。例外もありますが、語尾が -oで終わるものが**男性名詞**、語尾が -aで終わるものは**女性名詞**です。

●単数形
男性名詞
- carro　　　車
- aeroporto　空港

女性名詞
- casa　　　家
- mesa　　　テーブル

●複数形
　基本的に語尾に -sをつけます。

男性名詞
- carros　　　車
- aeroportos　空港

女性名詞
- casas　　　家
- mesas　　　テーブル

2. 冠詞

名詞につく冠詞には、名詞を限定する定冠詞と特定化しない不定冠詞があります。名詞の性・数にしたがって変化します。

	定冠詞		不定冠詞	
	単数形	複数形	単数形	複数形
男性	o	os	um	uns
女性	a	as	uma	umas

●定冠詞

　　男性　単数形　o carro
　　　　　複数形　os carros
　　女性　単数形　a casa
　　　　　複数形　as casas

●不定冠詞

　　男性　単数形　um aeroporto
　　　　　複数形　uns aeroportos
　　女性　単数形　uma mesa
　　　　　複数形　umas mesas

定冠詞は、前置詞（emやdeなど）と縮約（1語になること）します。
　　例　　em+o → no
　　　　　de+a → da　　など

3. 形容詞

形容詞は基本的に名詞の後ろに置きます。名詞の性・数にしたがって変化します。

●男性形

- o carro **bonito** 　　　かっこいい車
- os carros **bonitos**

●女性形

- a casa **bonita** 　　　美しい家
- as casas **bonitas**

4. 所有詞

「私の（もの）」「君の（もの）」といった意味を表す所有詞も、修飾する名詞の性・数にしたがって変化します。

サンパウロを中心としたブラジルのポルトガル語では所有形容詞の前に冠詞をつけない傾向がありますが、リオデジャネイロやヨーロッパのポルトガルではつける傾向にあります。本書ではつけています。

	単数形		複数形	
	男性	女性	男性	女性
私の	meu	minha	meus	minhas
君の	teu	tua	teus	tuas
あなた(たち)の 彼(ら)の 彼女(たち)の	seu	sua	seus	suas
私たちの	nosso	nossas	nossos	nossas

例　o **meu** carro　　　私の車〔男性、単数形〕
　　a **minha** casa　　　私の家〔女性、単数形〕

　　os **meus** carros　　私の車〔男性、複数形〕
　　as **minhas** casas　　私の家〔女性、複数形〕

　　os **teus** carros　　君の車〔男性、複数形〕
　　as **tuas** casas　　君の家〔女性、複数形〕

　　os **seus** carros　　彼の車〔男性、複数形〕
　　as **suas** casas　　彼の家〔女性、複数形〕

　　os **nossos** carros　私たちの車〔男性、複数形〕
　　as **nossas** casas　私たちの家〔女性、複数形〕

5. 指示詞

「この」「あの」などの意味を表す指示詞も修飾する名詞の性・数にしたがって変化します。

	単数形		複数形	
	男性	女性	男性	女性
この、これ	este	esta	estes	estas
その、それ	esse	essa	esses	essas
あの、あれ	aquele	aquela	aqueles	aquelas

※サンパウロでは「この」「これ」の列este, esta, estes, estasが使用されなくなってきています。状況に応じて「これ」か「それ」を理解します。

例	esse escritório	その事務所〔男性、単数形〕
	essa fábrica	その工場　〔女性、単数形〕
	aquele prédio	あの建物〔男性、単数形〕
	aquela estação	あの駅　〔女性、単数形〕

指示詞と前置詞（emやdeなど）は縮約（1語になること）します。

例　　em＋este ⇒ neste
　　　de＋esta ⇒ desta など

6. 人称代名詞

「私は」「君は」などの主語になる人称代名詞は以下のようになります。

私は	eu
君は、あなたは	você / tu
彼は	ele
彼女は	ela
私たちは	nós / a gente
君たちは、あなたたちは	vocês
彼らは	eles
彼女たちは	elas

※tuはポルトガルとブラジルの一地域。

7. 動詞の現在形

主語の人称・数によって動詞が活用します。語尾が -ar, -er, -irで終わるものには規則的に活用するものがあります。

você「君は」は3人称単数の活用をします。丁寧な「あなた」を表す o senhor（男性）、a senhora（女性）も3人称単数の活用で用いられます。

会話ではnós「私たち」の代わりにa genteを使います。動詞活用はvocê, ele, elaと同じ3人称単数の活用になります。

主語が明らかな場合は、主語が省略されることがあります。

● 規則動詞の活用

falar「話す」、entender「理解する」、abrir「開ける」の活用を見てみましょう。

主語	falar 「話す」	entender 「理解する」	abrir 「開ける」
eu	falo	entendo	abro
você, ele, ela, a gente	fala	entende	abre
nós	falamos	entendemos	abrimos
vocês, eles, elas	falam	entendem	abrem

● 不規則動詞の活用

語尾の活用に一定の規則性のないものをいいます。

名前、国籍など不変のこと「～である」を表す動詞ser、「持っている」を表すter、（一時的な）状態の「～である」を表すestarの活用を見てみましょう。

主語	ser 「〜である」	ter 「持っている」	estar 「〜である」
eu	sou	tenho	estou
você, ele, ela, a gente	é	tem	está
nós	somos	temos	estamos
vocês, eles, elas	são	têm	estão

8. 動詞の過去形

過去形は、過去のある時点で完結した事柄を表すものです。主語にしたがって活用します。

●規則動詞

主語	falar 「話す」	entender 「理解する」	abrir 「開ける」
eu	falei	entendi	abri
você, ele, ela, a gente	falou	entendeu	abriu
nós	falamos	entendemos	abrimos
vocês, eles, elas	falaram	entenderam	abriram

●主な不規則動詞

主語	ser 「〜である」	ter 「持っている」	estar 「〜である」
eu	fui	tive	estive
você, ele, ela, a gente	foi	teve	esteve
nós	fomos	tivemos	estivemos
vocês, eles, elas	foram	tiveram	estiveram

9. 半過去形

過去における継続「〜していた」、習慣「〜していたものだった」、現在における丁寧表現「〜したいのですが」などを表します。

主語	falar 「話す」	entender 「理解する」	abrir 「開ける」
eu	falava	entendia	abria
você, ele, ela, a gente	falava	entendia	abria
nós	falávamos	entendíamos	abríamos
vocês, eles, elas	falavam	entendiam	abriam

不規則活用する主な動詞はser, terです。
serは、主語にしたがってera, era, éramos, eram
terは、主語にしたがってtinha, tinha, tínhamos, tinham

10. 近接未来

近い未来や意思を表します。会話では未来を表すには近接未来をよく使います。

「行く」を意味する動詞irの活用＋動詞の原形（不定詞）で表します。irは主語にしたがって、vou, vai, vamos, vãoと活用します。

「出発する」を意味するpartirの近接未来を見てみましょう。

主語	ir＋動詞（partir）の原形
eu	vou partir
você, ele, ela, a gente	vai partir
nós	vamos partir
vocês, eles, elas	vão partir

11. ブラジルとポルトガルの単語の主な違い

	ブラジル PB	ポルトガル PE
トイレ	banheiro	casa de banho
バス	ônibus	autocarro
電車	trem	comboio
生ビール	chope	imperial※ / fino

※リスボン地方のみ。

12. 会話における「私たち」を意味する a gente について

　リオデジャネイロやサンパウロを中心として、a genteが3人称単数の動詞活用で使用されています。

　nósを使うのは、南部ポルトアレグレなどの地域性や、高齢者の使用という年齢層などの要因があります。今は過渡期と言えるでしょう。

1) **A gente** fala português.
　（私たちはポルトガル語を話す）

2) 「vamos＋動詞の原形（私たちは〜する）」の代わりに、「A gente vai＋動詞の原形」が使われます。英語のbe going to に相当します。

　A gente vai partir amanhã.
　（私たちは明日出発する）

3) 前置詞（com, paraなど）のあとに使われます。

　A gente vai ao cinema. Você também vai com **a gente**?
　（私たちは映画に行くけど。君も私たちと一緒に行く？）
　O colega falou para **a gente**.
　（同僚が私たちに話した）

※注意　「Vamos＋動詞の原形！」（英語のLet's 〜に相当）は、a genteでは基本的に代用されません。

〈ポルトガル語〉　　　　　　　〈英語〉
Vamos comer o bolo!　⇒ Let's eat the cake!
A gente vai comer o bolo.（常用口語）
　　　　　　　　　　　　⇒ We are going to eat the cake.
Nós vamos comer o bolo.（標準口語）
　　　　　　　　　　　　⇒ We are going to eat the cake.

13. ブラジルとポルトガルの顕著な発音の違いについて

●語末の-de, -te

　ブラジル（PB）では、語末の-de, -teはそれぞれ「ジ」「チ」となります。ポルトガル（PE）では、それぞれ「デ」「テ」に近い音になります。

　　例　Boa noite!「こんばんは」
　　　　PB：ボア　ノイ**チ**　　PE：ボア　ノイ**テ**

●語末と音節末の-l

　ブラジル（PB）では、語末と音節末の-lは「ウ」となります。ポルトガル（PE）では英語 "lite" のlです。

　　例　Brasil「ブラジル」
　　　　PB：ブラジ**ウ**　　PE：ブラジ**ル**

●r

　ブラジル（PB）では、語頭や-rr-、およびn, s, lのあとは強い「ハ行」の音になります。ポルトガル（PE）では巻き舌になります。

　　例　carro「車」
　　　　PB：カー**ホ**　　PE：カーロ

● 語末の-sなど

ブラジル（PB）では「ス」となります。ポルトガル（PE）とリオデジャネイロ市では「シュ」「シ」に近いです。

14. ブラジルとポルトガルの主な文法の違いについて

●「あなた、君」を意味する主語

ブラジル（PB）ではvocê、ポルトガル（PE）ではtuを使い、動詞活用も違います。

● 目的語の位置

例外がありますが、ブラジル（PB）では動詞の前に、ポルトガル（PE）では基本的に動詞の後ろです。

※本書におけるルビは、サンパウロの発音を示していますが、あくまでも手助けです。CDの音声を聴いて練習してください。

※参考文献

Lopes, Célia Regina dos Santos. Nós e a gente no português falado culto do Brasil. Vol. 14. n.2. São Paulo: Delta, 1998.
浜岡究『はじめてのポルトガル語』（講談社現代新書）
彌永史郎『ポルトガル語四週間』（大学書林）　動詞時称の呼称は同書に従った。

Parte I

これだけは!!
絶対覚えたい
重要パターン 21

これは〜です

Este é 〜

基本 フレーズ 🎵

エスチ エ オ メウ エンデレッソ ジ イー メイユ
Este é o meu endereço de e-mail.
これは私のメールアドレスです。

こんなときに使おう！
友達に連絡先を伝えるときに…

　『Este é 〜』は、「これは（が）〜です」「こちらは（が）〜です」という表現です。『〜』には名詞または形容詞がきます。
　男性名詞の場合は『Este é 〜』、女性名詞の場合は『Esta é 〜』になります。

●基本パターン●

Este ＋ é ＋ 名詞・形容詞（単数形）．

22

基本パターンで言ってみよう!

Este é bonito, né?
エスチ エ ボニート ネー

これはかわいいね。

Esta é a sua sala.
エスタ エ ア スア サーラ

ここがあなたの部屋だよ。

Este é um restaurante famoso.
エスチ エ ウン ヘスタウランチ ファモーゾ

ここは有名なレストランです。

Este é o meu contato.
エスチ エ オ メウ コンタート

これが私の連絡先だよ。

Este prato é gostoso, né?
エスチ プラート エ ゴストーゾ ネー

この料理はおいしいね。

Este é o meu colega.
エスチ エ オ メウ コレーガ

こちらは私の同僚です。

> **ワンポイント** 「同僚」を意味する『colega』は、男性も女性も語尾が-aです。冠詞や所有詞、指示詞で男性か女性を判断できます。上記の例文の場合は男性の同僚です。

応 用

●否定パターン●

基本パターンに『não』をつけるだけ！

Este + não + é + 名詞・形容詞(単数形) .

エスチ ナウン エ オ メウ エンデレッソ ジ イー メイユ
Este não é o meu endereço de e-mail.

（これは私のメールアドレスではありません）

名詞が女性ならば、『Esta não é ～』となります。

エスタ ナウン エ ア ミーニャ シャーヴィ
Esta não é a minha chave.

（これは私のカギではありません）

●疑問パターン●

基本パターンに『？』をつけるだけ！

Este + é + 名詞・形容詞(単数形) ?

エスチ エ オ セウ エンデレッソ ジ イー メイユ
Este é o seu endereço de e-mail?

（これはあなたのメールアドレスですか？）

答え方　シン イッソ エ メウ
Sim, isso é meu.（はい、それは私のです）

ナウン イッソ ナウン エ メウ
Não, isso não é meu.

（いいえ、それは私のものではありません）

ワンポイント 『isso』それ、そのこと

これは〜です／Este é 〜

😀 応用パターンで言ってみよう!

Este não é gostoso.
（エスチ ナウン エ ゴストーゾ）

これはおいしくないよ。

> **ワンポイント**　『gostoso』と同じ意味で『bom』『delicioso』『saboroso』もよく使われます。

Este filme não é interessante.
（エスチ フィウミ ナウン エ インテレッサンチ）

この映画はおもしろくない。

Esta cidade não é muito grande.
（エスタ シダージ ナウン エ ムイト グランジ）

この街はそんなに大きくありません。

Este é o seu carro?
（エスチ エ オ セウ カーホ）

これはあなたの車ですか？

⚠ これも知っておこう!

『Este 〜』『Esta 〜』をそれぞれ『Aquele 〜』『Aquela 〜』に変えると、「あれは〜です」という表現になります。

Aquele é o nosso diretor.
（アケーリ エ オ ノッソ ジレトール）

あちらは私たちの部長です。

Aquela é a sua bagagem?
（アケーラ エ ア スア バガージェン）

あれはあなたの荷物ですか？

2 私は〜です

Eu sou 〜 / Eu estou 〜

基本フレーズ

Eu sou Suzuki. / Eu estou feliz.
エウ ソー スズキ／エウ エストー フェリース
私はスズキです。／私は幸せです。

こんなときに使おう!
自己紹介するときに…／自分の状態を表現するときに…

『Eu estou 〜』は、自分の状態を表す言い回しです。『〜』には形容詞がきます。形容詞は主語の性・数に一致します。動詞原形はestarです。

●基本パターン●

Eu sou ＋ 名詞（単数形）．

Eu estou ＋ 形容詞（単数形）．

基本パターンで言ってみよう!

エウ ソー ジャポネース
Eu sou japonês.

私は日本人男性です。

ワンポイント　「日本人女性」は『japonesa』です。

エウ エストー コンテンチ
Eu estou contente.

私は満足しています(うれしいです)。

アゴラ エウ エストー ムイト オクパード
Agora eu estou muito ocupado.

今、私はとても忙しいです。

エウ ソー ダ フォルクスワーゲン ド ブラジウ
Eu sou da Volkswagen do Brasil.

私はブラジルフォルクスワーゲンの者です。

ワンポイント　所属・出身を言う場合はda, doなどがつながります。会社名の前にはdaが、国名(ブラジル、日本などに限っては)の前にはdoがつきます。

ア ジェンチ エ ド ジャパウン
例　**A gente é do Japão.**（私たちは日本出身です）

ワンポイント　『a gente』は、会話で「私たち」を意味します。動詞は3人称単数になります。

応用

●否定パターン●

基本パターンに『não』をつけるだけ！

Eu + não + sou + 名詞（単数形）．

Eu + não + estou + 形容詞（単数形）．

エウ ナウン ソー スズキ
Eu não sou Suzuki.（私はスズキではありません）

エウ ナウン エストー フェリース
Eu não estou feliz.（私は幸せではありません）

●疑問パターン●

基本パターンの主語（Eu）をVocêに、動詞は『sou / estou』を『é / está』に変えて、『？』をつけるだけ！

Você é + 名詞（単数形）？

Você está + 形容詞（単数形）？

ヴォセー エ ブラジレイロ
Você é brasileiro?（君はブラジル人？）

答え方
シン エウ ソー ブラジレイロ
Sim, eu sou brasileiro.（はい、僕はブラジル人です）

ナウン エウ ナウン ソー ブラジレイロ
Não, eu não sou brasileiro.

（いいえ、僕はブラジル人ではありません）

ワンポイント 「ブラジル人」（女性）は『brasileira』となります。
ブラジレイラ

私は〜です／Eu sou 〜 / Eu estou 〜

 応用パターンで言ってみよう!

●過去パターン●

基本パターンの動詞を『sou → fui』『estou → estive』に変えるだけ！
実際の状況によってはestiveのほうがよく使われます。

Eu fui ＋ 名詞（単数形）．

Eu estive ＋ 形容詞（単数形）．

エウ フイ エストゥダンチ ジ ポルトゲース
Eu fui estudante de português.

（僕はポルトガル語の学生だった）

オンテン エウ エスチヴィ ムイント オクパード
Ontem eu estive muito ocupado.

（昨日、僕はとても忙しかった）

ワンポイント 「私たち」を意味する『a gente』の過去パターンはfoiとesteveになります。

ア ジェンチ フォイ エストゥダンチ ジ イングレース
A gente foi estudante de inglês.

（私たちは英語の学生でした）

オンテン ア ジェンチ エステヴィ ムイント オクパード
Ontem a gente esteve muito ocupado.

（昨日、私たちはとても忙しかった）

3 私は～が好きです

Eu gosto de ～

基本 フレーズ

エウ　ゴスト　ジ　　　フチボウ
Eu gosto de futebol.
私はサッカーが好きです。

こんなときに使おう！
「趣味（好きなこと）は何ですか」と聞かれて…

　『Eu gosto de ～』は、「私は～が好き」という表現です。動詞gostarは、主語にしたがって活用します。

● 基本パターン ●

　　　Eu gosto de ＋ 名詞（または動詞の原形）．

基本パターンで言ってみよう!

Eu gosto desse trabalho.
（エウ ゴスト デッシ トラバーリョ）

私はその仕事が好きです。

> **ワンポイント** 『desse』は『de＋esse』です。

Eu gosto muito de trabalhar.
（エウ ゴスト ムイント ジ トラバリャール）

私は働くことがとても好きです。

> **ワンポイント** 「〜がとても好き」を表すときは『gosto muito de 〜』

Eu gosto muito de assistir ao jogo de futebol.
（エウ ゴスト ムイント ジ アシスチール アオ ジョゴ ジ フッチボウ）

サッカーの試合観戦がとても好きさ。

> **ワンポイント** 『assistir a 〜』は「〜を観る」です。aoは、『assistir a 〜』のaと、jogoにつく定冠詞oの縮約（a＋o）を表します。

Eu gosto de passear na praia de Copacabana.
（エウ ゴスト ジ パシアール ナ プライア ジ コパカバーナ）

私はコパカバーナ海岸を散歩するのが好きです。

応 用

●否定パターン●

基本パターンに『não』をつけるだけ！

Eu + não + gosto de + 名詞（または動詞の原形）.

<small>エウ ナウン ゴスト ジ フチボウ</small>
Eu não gosto de futebol.
（私はあまりサッカーが好きではありません。）

> **ワンポイント** 否定形になると「あまり好きではありません」の意味になります。

●疑問パターン●

基本パターンの主語と動詞を1人称（私）→3人称に変えて、『？』をつけるだけ！

Você gosta de + 名詞（または動詞の原形）？

<small>ヴォセー ゴスタ ジ フチボウ</small>
Você gosta de futebol? （サッカーは好き？）

答え方　<small>シン エウ ゴスト</small>
Sim, eu gosto.（はい、好きです）
<small>ナウン エウ ナウン ゴスト</small>
Não, eu não gosto.（いいえ、好きではありません）

私は〜が好きです／Eu gosto de 〜

😊 応用パターンで言ってみよう!

エウ ナウン ゴスト ムイント ジ ペイシ
Eu não gosto muito de peixe.

僕はあまり魚が好きではないんだ。

エウ ナウン ゴスト ムイント ジ エストゥダール
Eu não gosto muito de estudar.

勉強するのはあまり好きじゃないんだ。

ヴォセー ゴスタ ジ ヴィアジャール
Você gosta de viajar?

旅行は好き？

ヴォセー ゴスタ ムイント ジ ブリガデイロス
Você gosta muito de brigadeiros?

チョコレート菓子は大好き？

ワンポイント　「大好き」の意味で動詞『adorar』もよく使われます。

例　ヴォセー アドーラ ブリガデイロス
Você adora brigadeiros?

あなたはチョコレート菓子が大好きですか？

シン エウ アドーロ
Sim, eu adoro.　はい、大好きです。

⚠️ これも知っておこう!

「好んだ」「とても良かった」など、過去を表すには動詞の過去形（gostei）を使います。

エウ ゴステイ ムイント ジ コンヴェルサール コン ヴォセー
Eu gostei muito de conversar com você.

君と話して、とても良かった。

ヴォセー ゴストー ド ジャンタール
Você gostou do jantar?

夕食は良かった？

4 私は〜しています

Eu estou -ndo（現在分詞）

基本フレーズ♪

Eu estou almoçando.
エウ エストー アウモサンド
昼食中です。

こんなときに使おう!
電話やメールで「今、何をしているの?」と聞かれて…

『Eu estou -ndo（現在分詞）』は、「〜しています」という現在の進行状態を表します。

●基本パターン●

Eu estou -ndo（現在分詞）．

現在分詞は、動詞原形の語尾 -rをとって、-ndoをつけて作ります。性・数の変化はありません。

動詞原形	現在分詞
almoçar（昼食をとる）	almoçando
entender（理解する）	entendendo
partir（出発する）	partindo

基本パターンで言ってみよう!

<ruby>Eu<rt>エウ</rt></ruby> <ruby>estou<rt>エストー</rt></ruby> <ruby>tomando<rt>トマンド</rt></ruby> <ruby>café<rt>カフェ</rt></ruby> <ruby>da<rt>ダ</rt></ruby> <ruby>manhã<rt>マニャン</rt></ruby> <ruby>agora<rt>アゴラ</rt></ruby>.

今、朝食中です。

<ruby>Eu<rt>エウ</rt></ruby> <ruby>estou<rt>エストー</rt></ruby> <ruby>procurando<rt>プロクランド</rt></ruby> <ruby>alguma<rt>アウグマ</rt></ruby> <ruby>lembrança<rt>レブランサ</rt></ruby>.

何かおみやげを探しています。

> **ワンポイント** 不定形容詞algum, alguma, alguns, algumasは、不定冠詞の代用として会話でよく用いられます。単数形のときは「なんでもいいから何か」、複数形のときは「数個の」の意味になります。

<ruby>Eu<rt>エウ</rt></ruby> <ruby>estou<rt>エストー</rt></ruby> <ruby>trabalhando<rt>トラバリャンド</rt></ruby> <ruby>agora<rt>アゴラ</rt></ruby>.

今、仕事中です。

 これも知っておこう!

現在の進行状態の表現は、これから行われようとする行為にも使われます。

<ruby>Eu<rt>エウ</rt></ruby> <ruby>estou<rt>エストー</rt></ruby> <ruby>pegando<rt>ペガンド</rt></ruby> <ruby>um<rt>ウン</rt></ruby> <ruby>táxi<rt>タクシ</rt></ruby>.

タクシーに乗るところだよ。

<ruby>Eu<rt>エウ</rt></ruby> <ruby>estou<rt>エストー</rt></ruby> <ruby>chegando<rt>シェガンド</rt></ruby>.

もうすぐ到着するところだよ。

応 用

●否定パターン●

基本パターンに『não』をつけるだけ！

Eu + não + estou + -ndo(現在分詞).

エウ ナウウ エストー アウモサンド
Eu não estou almoçando.
(昼食中ではありません)

●疑問パターン●

基本パターンの主語と動詞を1人称（私）→3人称に変えて、『？』をつけるだけ！

Você está + -ndo(現在分詞) ?

ヴォセー エスター アシスチンド ア テレヴィザウン
Você está assistindo à televisão?
(テレビを観ている最中ですか？)

答え方　Sim.（はい）
シン
　　　　Não.（いいえ）
ナウン

ワンポイント　『assistir a 〜』は「〜を観る」です。àは、『assistir a 〜』のaと、televisãoにつく定冠詞aの縮約（a＋a）を表します。

私は〜しています／Eu estou -ndo（現在分詞）

😃 応用パターンで言ってみよう!

エウ ナウン エストー ファゼンド ナーダ
Eu não estou fazendo nada.

何もしていないよ。

ワンポイント 『nada』は「何も〜ない」を表します。nãoとともに用いて、否定を強調しています。

ア ジェンチ ナウン エスター エスペランド ポル エーラ
A gente não está esperando por ela.

私たちは彼女を待っていません。

ワンポイント 『esperar por 〜』〜を待つ

ヴォセー エスター ディゼンド イッソ ア セリオ
Você está dizendo isso a sério?

本気でそれを言っているの？

エーリ エスター テレフォナンド アゴラ
Ele está telefonando agora?

彼は電話中ですか？

⚠ これも知っておこう!

過去における進行状態の表現「〜していました」は、1人称も3人称も動詞をestavaにするだけです。

エウ エスターヴァ コメンド ノ ヘスタウランチ ジャポネース
Eu estava comendo no restaurante japonês.

私は日本料理店で食べていました。

オ クリエンチ エスターヴァ ファランド コン ア セクレターリア
O cliente estava falando com a secretária.

お客さんは秘書と話していました。

5 ～するつもりです

Eu vou＋動詞の原形

基本 フレーズ 🎵

エウ ヴォー サイール
Eu vou sair.
出かけます。

こんなときに使おう！
「週末の予定は？」と聞かれて…

　近接未来は、「～するつもりです」と予定や計画を表す、会話でよく用いられる便利な表現です。

● 基本パターン ●

主語 ＋ vou/vai ＋ 動詞の原形 ．

私	Eu	vou
君	Você	vai
彼／彼女	Ele / Ela	vai
私たち	A gente	vai

ワンポイント 動詞vou, vaiの原形はirです。irは「行く」を意味します。「行くつもりです」を表すときは、Eu vou ir. とかVocê vai ir. と言わずに、単にEu vou. や Você vai.と言います。つまり、たとえirが活用しても『ir+ir』の形では表しません。

基本パターンで言ってみよう!

エウ ヴォー パガール パラ トードス
Eu vou pagar para todos.

皆の分を払います。

エウ ヴォー ファゼール エスフォルソス
Eu vou fazer esforços.

努力します。

エウ ジャ ヴォー パルチール パラ オ アエロポルト
Eu já vou partir para o aeroporto.

すぐに空港に出発します。

エウ ヴォー ヴォウタール パラ カーザ セード オージ ア ノイチ
Eu vou voltar para casa cedo hoje à noite.

今夜は早く家に戻ります。

エウ ヴォー ジ アヴィアウン
Eu vou de avião.

飛行機で行きます。

これも知っておこう!

交通手段「〜で」を表す場合は『de＋交通機関』を使います。『de táxi（タクシーで）』『de metrô（地下鉄で）』『de ônibus（バスで）』など。ただし「徒歩で」は『a pé』です。

応 用

●否定パターン●

基本パターンに『não』をつけるだけ！

主語 + **não** + vou/vai + 動詞の原形 .

エウ ナウン ヴォー サイール
Eu não vou sair.
（私は出かけません）

●疑問パターン●

　基本パターンの主語と動詞を1人称（私）→3人称に変えて、『？』をつけるだけ！

主語 + vai + 動詞の原形 ?

ヴォセー ヴァイサイール
Você vai sair?
（君、出かけるの？）

| 答え方 | シン　エウ ヴォーサイール
Sim, eu vou sair.（はい、出かけます）
ナウン　エウ ナウン ヴォーサイール
Não, eu não vou sair.（いいえ、出かけません） |

~するつもりです／Eu vou＋動詞の原形

応用パターンで言ってみよう!

エウ ナウン ヴォー シェガール アキ タウン セード
Eu não vou chegar aqui tão cedo.

僕は、ここにはそんなに早く着かないだろう。

ワンポイント 『cedo』早く

エウ ナウン ヴォー ジャンタール フォラ アマニャン ア ノイチ
Eu não vou jantar fora amanhã à noite.

明日の夜は、外食のつもりはない。

ヴォセー ヴァイ アテ ラ ソジーニャ
Você vai até lá sozinha?

向こうまで一人で行くの？

ヴォセー ヴァイ コミーゴ
Você vai comigo?

僕と一緒に行く？

エーリ ヴァイ トラバリャール ナ ファブリカ アテ タルジ
Ele vai trabalhar na fábrica até tarde.

彼は遅くまで工場で働きます。

ア ジェンチ ヴァイ フィカール ノ エスクリトリオ エスタ マニャン
A gente vai ficar no escritório esta manhã.

私たちは、今朝は事務所にいます。

6 〜と思います

Eu acho que ＋ 文章

基本フレーズ

エウ アショ キ エウ ヴォー パルチール アマニャン
Eu acho que eu vou partir amanhã.
明日、出発しようと思う。

こんなときに使おう！
「いつ出発するの？」と聞かれて…

『Eu acho que ＋ 文章 』は、「〜と思います」を表します。queのあとには『 主語 ＋ 動詞 〜』の文章をつなげます。

基本パターン

Eu acho que ＋ 文章 .

動詞achoの原形はacharです。

基本パターンで言ってみよう!

Eu acho que eu vou jantar na lanchonete hoje.
エウ アショ キ エウ ヴォー ジャンタール ナ ランショネッチ オージ

今日、軽食堂で夕食をとると思います。

Eu acho que eu posso.
エウ アショ キ エウ ポッソ

私はできると思う。

Eu acho que eu estou certo.
エウ アショ キ エウ エストー セルト

僕が正しいと思う。

Eu acho que eu amo ela.
エウ アショ キ エウ アモ エーラ

彼女を愛していると思う。

Sobre isso, **eu acho que** eu vou falar com ela amanhã de manhã.
ソブリ イッソ エウ アショ キ エウ ヴォーファラール コン エーラ アマニャン ジ マニャン

それについては明日の朝、彼女と話そうと思う。

これも知っておこう!

「〜と信じている」というニュアンスの「〜と思います」は『Eu creio que + 文章 』を使います。動詞creioの原形はcrerです。

Eu creio que a minha filha passou no exame.
エウ クレイオ キ ア ミーニャ フィーリャ パッソー ノ イザーミ

私の娘が試験に受かったと思う。

応 用

●否定パターン●

基本パターンに『não』をつけるだけ！

Eu acho que ＋ 否定文 .

エウ アショ キ エウ ナウン ヴォー パルチール アマニャン
Eu acho que eu não vou partir amanhã.
（明日、私は出発しないと思う）

「〜とは思わない」という表現は、que以下の動詞活用が複雑になって会話がやや難しくなりますので、ここでは扱いません。

●疑問パターン●

基本パターンの主語と動詞を3人称に変えて、『？』をつけるだけ！

主語 ＋ acha que ＋ 文章 ?

ヴォセー アシャ キ ヴォセー ヴァイ パルチール アマニャン
Você acha que você vai partir amanhã?
（君は明日、出発しますか？）

答え方
エウ アショ キ シン
Eu acho que sim.（そう思います）
エウ アショ キ ナウン
Eu acho que não.（そうは思いません）

〜と思います／Eu acho que＋文章

😃 応用パターンで言ってみよう!

エウ アショ キ エウ ナウン ヴォー ファゼール イッソ
Eu acho que eu não vou fazer isso.

それはやらないと思う。

エウ アショ キ エウ ナウン ヴォー ファラール コン エーリ
Eu acho que eu não vou falar com ele.

彼とは話さないと思う。

エウ アショ キ エウ ナウン ヴォー ファゼール トゥード オージ
Eu acho que eu não vou fazer tudo hoje.

今日、すべてをやらないと思う。

ヴォセー アシャ キ オ アヴィアウン ヴァイ シェガール ナ オーラ
Você acha que o avião vai chegar na hora?

君は、飛行機が時間通りに到着すると思う？

ヴォセー アシャ キ エーリ エスター セルト
Você acha que ele está certo?

君は、彼が正しいと思う？

⚠ これも知っておこう!

「〜と考える」のニュアンスの「〜と思う」は『Eu penso que ＋ 文章 』で表します。動詞pensoの原形はpensarです。

エウ ペンソ キ エーラ エスター リブレ オージ ア ノイチ
Eu penso que ela está livre hoje à noite.

私は、彼女は今夜は空いていると思う。

7 〜しました

主語 + 動詞の過去形

基本 フレーズ

エウ アカベイ
Eu acabei.
私は終わりました。 ※acabeiの原形はacabar

こんなときに使おう！
「試験の準備とか仕事はどう？」と聞かれて…

過去形「〜しました」は、完結を表します。
規則動詞の過去形の活用は、本書冒頭の「基本の基本」のページで紹介してあります。

基本パターン

主語 ＋ 動詞の過去形 ．

「すでに」を強調したいときは、動詞の前に『já』を置きます。

エウ ジャ アカベイ
Eu já acabei.（もう終わったよ）

基本パターンで言ってみよう！

<ruby>Eu<rt>エウ</rt></ruby> <ruby>trabalhei<rt>トラバリェイ</rt></ruby> <ruby>muito<rt>ムイント</rt></ruby> <ruby>hoje<rt>オージ</rt></ruby>.

今日はたくさん仕事をした。

<ruby>Eu<rt>エウ</rt></ruby> <ruby>já<rt>ジャ</rt></ruby> <ruby>vendi<rt>ヴェンジ</rt></ruby> <ruby>tudo<rt>トゥード</rt></ruby> <ruby>na<rt>ナ</rt></ruby> <ruby>semana<rt>セマナ</rt></ruby> <ruby>passada<rt>パッサーダ</rt></ruby>.

先週、もう全部売った。

<ruby>Eu<rt>エウ</rt></ruby> <ruby>já<rt>ジャ</rt></ruby> <ruby>parti<rt>パルチ</rt></ruby> <ruby>para<rt>パラ</rt></ruby> <ruby>a<rt>ア</rt></ruby> <ruby>escola<rt>エスコーラ</rt></ruby>.

もう学校に行ったよ。

<ruby>Eu<rt>エウ</rt></ruby> <ruby>comprei<rt>コンプレイ</rt></ruby> <ruby>um<rt>ウン</rt></ruby> <ruby>computador<rt>コンプタドール</rt></ruby> <ruby>americano<rt>アメリカーノ</rt></ruby> <ruby>ontem<rt>オンテン</rt></ruby>.

昨日、アメリカ製のコンピュータを買った。

<ruby>Eu<rt>エウ</rt></ruby> <ruby>entendi<rt>エンテンジ</rt></ruby> <ruby>muito<rt>ムイント</rt></ruby> <ruby>bem<rt>ベン</rt></ruby>.

とてもよくわかりました。

<ruby>A<rt>ア</rt></ruby> <ruby>minha<rt>ミーニャ</rt></ruby> <ruby>colega<rt>コレーガ</rt></ruby> <ruby>já<rt>ジャ</rt></ruby> <ruby>chegou<rt>シェゴー</rt></ruby> <ruby>na<rt>ナ</rt></ruby> <ruby>companhia<rt>コンパニーア</rt></ruby>.

私の同僚がもう会社に着いた。

ワンポイント 『colega（同僚）』は、男性の同僚も女性の同僚も語尾が-aで終わります。冠詞や所有詞、指示詞などで男性と女性を使い分けます。

<ruby>A<rt>ア</rt></ruby> <ruby>minha<rt>ミーニャ</rt></ruby> <ruby>amiga<rt>アミーガ</rt></ruby> <ruby>já<rt>ジャ</rt></ruby> <ruby>preparou<rt>プレパロウ</rt></ruby> <ruby>tudo<rt>トゥード</rt></ruby> <ruby>para<rt>パラ</rt></ruby> <ruby>a<rt>ア</rt></ruby> <ruby>reunião<rt>ヘウニアウン</rt></ruby>.

僕の（女性の）友達がもう会議の準備をすべてした。

応 用

●否定パターン●

基本パターンに『não』をつけるだけ！

$$\boxed{\text{Eu}} + \boxed{\text{não}} + \boxed{\text{動詞の過去形}} .$$

<ruby>Eu</ruby> <ruby>não</ruby> <ruby>acabei</ruby>.（私は、終わっていません）
（エウ ナウン アカベイ）

ワンポイント 「まだ～ない」を強調するときは『ainda não』とします。

Eu ainda não acabei.（私は、まだ終わっていません）
（エウ アインダ ナウン アカベイ）

●疑問パターン●

基本パターンの主語と動詞を1人称（私）→3人称に変えて、『？』をつけるだけ！

$$\boxed{\text{主語}} + \boxed{\text{動詞の過去形}} ?$$

Você acabou?（終わった？）
（ヴォセー アカボウ）

答え方　Sim.（はい）
　　　　（シン）
　　　　Não.（いいえ）
　　　　（ナウン）

ワンポイント 「すでに」「もう」を強調する場合は、動詞の前に『já』を置きます。

Você já acabou?（もう終わった？）
（ヴォセー ジャ アカボウ）

~しました／主語＋動詞の過去形

😊 応用パターンで言ってみよう!

Eu ainda não fiz isso. （fizの原形はfazer）
エウ アインダ ナウン フィズ イッソ

まだ、それをやっていません。

Eu ainda não perguntei sobre esse assunto.
エウ アインダ ナウン ペルグンテイ ソブリ エッシ アスント

まだその件について質問していません。

Eu ainda não preparei.
エウ アインダ ナウン プレパレイ

まだ準備していません。

> **ワンポイント**　「まだ準備できていない」と主語なしで言うときは、現在形で『Ainda não está pronto.』とも言います。

Você já começou o estudo?
ヴォセー ジャ コメッソウ オ エストゥードゥ

もう勉強を始めた？

Ele já foi para os Estados Unidos? （foiの原形はir）
エーリ ジャ フォイ パラ オス エスタードス ウニードス

彼はもうアメリカに行った？

⚠️ これも知っておこう!

「決して～ない」と強い否定のニュアンスを表すときは、nãoのかわりにnuncaを使います。

Eu nunca estive na Alemanha. （estiveの原形はestar）
エウ ヌンカ エスチーヴィ ナ アレマーニャ

ドイツに行ったことがない。

8 〜していました

主語 ＋ 動詞の半過去形

基本 フレーズ ♪

エウ　テレフォナーヴァ
Eu telefonava.
電話していました。

こんなときに使おう!
「あのとき何してた？」と聞かれて…

　7課の過去形が「過去のある時点に完結した行為」つまり「〜した」を表すのに対して、半過去形は「過去において継続していた行為」、つまり「〜していた」「〜していたものだった」を表します。

● 基本パターン ●

主語 ＋ 動詞の半過去形 .

　-ar動詞は -avaが活用語尾です。
　　例　telefonava（電話していた）
　-er動詞と-ir動詞は -iaが活用語尾です。
　　例　comia（食べていた）、discutia（議論していた）
　ser, ter などは例外で、それぞれera（〜だった）、tinha（持っていた）の活用になります。

基本パターンで言ってみよう!

エウ アジュダーヴァ
Eu ajudava.

手伝っていました。

エウ エンテンジア ウン ポーコ
Eu entendia um pouco.

ちょっとだけ理解していました。

エウ ファジア オ トラバーリョ デーリ
Eu fazia o trabalho dele.

彼の仕事をしていました。

エウ アテンジーア オ クリエンチ ナ ロージャ
Eu atendia o cliente na loja.

店でお客さんを応対していました。

エウ モラーヴァ ノ バイホ ペルト ダ プライア ジ ボタフォーゴ
Eu morava no bairro perto da praia de Botafogo.

ボタフォゴ海岸近くの地区に住んでいました。

エウ チニャ ウン カーホ イタリアーノ
Eu tinha um carro italiano.

イタリア製の車を持っていました。

エーラ ベビア ムイント ナ フェスタ
Ela bebia muito na festa.

彼女はパーティーでたくさん飲んでいました。

> **ワンポイント** 過去における進行の状況やニュアンスを強調する場合は、過去の進行状態の表現を用いることがあります。

エーラ エスターヴァ ベベンド ムイント ナ フェスタ
⇒ **Ela estava bebendo muito na festa.**

彼女はパーティーでたくさん飲んでいました。

応 用

●否定パターン●

基本パターンに『não』をつけるだけ！

Eu + não + 動詞の半過去形 .

<ruby>エウ ナウン テレフォナーヴァ</ruby>
Eu não telefonava.
（電話していませんでした）

●疑問パターン●

基本パターンの主語と動詞を1人称（私）→3人称に変えて、『？』をつけるだけ！

主語 + 動詞の半過去形 ?

<ruby>ヴォセー テレフォナーヴァ</ruby>
Você telefonava?（電話していたの？）

答え方　Sim.（はい）シン
　　　　Não.（いいえ）ナウン

～していました／主語＋動詞の半過去形

😃 応用パターンで言ってみよう!

Eu não sabia.
エウ ナウン サビア

知らなかった。

A gente não comia nada desde a chegada no Brasil.
ア ジェンチ ナウン コミーア ナーダ デズジ ア シェガーダ ノ ブラジウ

私たち、ブラジル到着以来、何も食べていなかった。

> ワンポイント 『desde』 〜以来

Eu devia sair de casa mais cedo?
エウ デヴィア サール ジ カーザ マイス セード

もっと早く家を出るべきだったかな？

Você já sabia?
ヴォセー ジャ サビア

もう知っていたの？

> ワンポイント 『já』 もう

Você tinha que fazer regime durante três meses?
ヴォセー チニャ キ ファゼール ヘジーミ ドゥランチ トゥレス メーゼス

3ヶ月間ダイエットしなければならなかったの？

> ワンポイント 『tinha que 〜』 〜しなければならなかった

❗ これも知っておこう! ——半過去形の否定疑問文

Você não estava na universidade nesta semana?
ヴォセー ナウン エスターヴァ ナ ウニヴェルシダージ ネスタ セマーナ

今週は大学に行ってなかったの？

9 …から〜しています

主語 + 動詞の現在形 + há + 時の表現

基本フレーズ

エウ モロ エン トウキョ ア ドイズ アーノス
Eu moro em Tokyo há dois anos.
私は２年前から東京に住んでいます。

こんなときに使おう！
「どこに住んでいるの？」と聞かれて…

『主語 + 動詞の現在形』に『há + 時の表現』をつけると、「…から〜しています」を表します。

● 基本パターン ●

主語(Eu) + 動詞の現在形(moro) + há + 時の表現(dois anos) .

基本パターンで言ってみよう!

<ruby>Eu<rt>エウ</rt></ruby> <ruby>moro<rt>モーロ</rt></ruby> aqui <ruby>sozinho<rt>ソジーニョ</rt></ruby> <ruby>há<rt>ア</rt></ruby> <ruby>um<rt>ウン</rt></ruby> <ruby>ano<rt>アーノ</rt></ruby>.
Eu moro aqui sozinho **há** um ano.

1年前からここで一人暮らしだよ。

Eu trabalho nessa seção **há** três meses.
(エウ トラバーリョ ネッサ セサウン ア トゥレズ メーゼス)

3ヶ月前からこの課で働いています。

Eu estudo português **há** seis meses.
(エウ エストゥード ポルトゥゲース ア セイズ メーゼス)

6ヶ月前からポルトガル語を勉強しています。

Eu espero pelo ônibus **há** mais de dez minutos.
(エウ エスペロ ペロ オニブス ア マイス ジ デス ミヌートス)

バスを10分以上、待っています。

> ワンポイント 『mais de 〜』〜以上

A gente está nesta sala **há** meia hora.
(ア ジェンチ エスター ネスタ サーラ ア メイア オーラ)

私たちは30分前からこの部屋にいます。

> ワンポイント 『meia hora』30分 (= trinta minutos)

応 用

●否定パターン●

基本パターンに『não』をつけるだけ！

主語 + não + 動詞の現在形 + há + 時の表現 .

オ　コンプタドール　　ナウン　フンシオナ　ア　ドイス　ジアス
O computador não funciona há dois dias.
（2日前からコンピューターが動きません）

●疑問パターン1●

「どのくらい前から〜していますか？」

Há quanto tempo + 文章 ?

ア　クアント　テンポ　オ　コンプタドール　ナウン　フンシオナ
Há quanto tempo o computador não funciona?
（どのくらい前からコンピューターが動かないの？）

答え方　　ア　ドイス　ジアス
　　　　　Há dois dias.（2日前からです）

…から〜しています／主語＋動詞の現在形＋há＋時の表現

●疑問パターン2●

「いつから〜していますか？」

Desde quando ＋ 文章 ?

Desde quando o computador não funciona?
デズジ　クアンド　オ　コンプタドール　ナウン　フンシオナ

（いつからコンピューターが動きませんか？）

答え方　Desde dois dias atrás.（2日前からです）
　　　　デズジ　ドイス　ジアス　アトラス

応用パターンで言ってみよう!

Eu não trabalho desde a sexta-feira.
エウ　ナウン　トラバーリョ　デズジ　ア　セスタ　フェイラ

金曜日から働いていません。

Eu não bebo nada desde esta manhã.
エウ　ナウン　ベーボ　ナーダ　デズジ　エスタ　マニャン

今朝から何も飲んでいません。

Há quanto tempo você espera por um táxi?
ア　クアント　テンポ　ヴォセー　エスペーラ　ポル　ウン　タクシ

どのくらい前からタクシーを待っているの？

答え方　Há meia hora.（30分前から）
　　　　ア　メイア　オーラ

Desde quando essa máquina está parada?
デズジ　クアンド　エッサ　マキナ　エスター　パラーダ

いつからその機械がストップしているの？

答え方　Desde uma semana atrás.（1週間前から）
　　　　デズジ　ウーマ　セマナ　アトラス

10 ～することができます

Eu posso ＋ 動詞の原形

基本フレーズ

Eu posso ajudar.
エウ　ポッソ　アジュダール

手伝えるよ。

こんなときに使おう！
仕事が大変そうな同僚に…

　『Eu posso＋動詞の原形』は、「私は～することができます」という表現です。状況的可能を表します。

　「～できます」という状況的可能と「～してもよいです」と許可などを表す場合は、動詞poder（活用はEu possoやVocê podeなど）を用います。

　「ポルトガル語が話せます」などの能力的可能を表すには、動詞saber（活用はEu seiやVocê sabeなど）を用います。「私は～できます」は『Eu sei＋動詞の原形』となります。

　いずれの表現もよく主語が省略されます。

基本パターン

Eu ＋ posso / sei ＋ 動詞の原形 .

基本パターンで言ってみよう!

(エウ) ポッソ イール ロゴ
(Eu) posso ir logo.

すぐに行けるよ。

(エウ) ポッソ コメール クアウケール コイザ
(Eu) posso comer qualquer coisa.

何でも食べられます。

ワンポイント　「好き嫌いがない」という意味で使われます。

(ヴォセー) ポジ デスカンサール アゴラ
(Você) pode descansar agora.

君は今、休憩していいよ。

(エウ) セイ ファラール ポルトゥゲース
(Eu) sei falar português.

僕はポルトガル語を話せます。

(ヴォセー) サビ ジリジール オ カーホ
(Você) sabe dirigir o carro.

君は車を運転できる。

応用

●否定パターン●

基本パターンのpossoやseiの前に『não』をつけるだけ！

Eu + não + posso / sei + 動詞の原形 .

Eu não posso ajudar.（手伝えません）
エウ ナウン ポッソ アジュダール

Eu não sei dançar.（私は踊れません）
エウ ナウン セイ ダンサール

●疑問パターン●

基本パターンの動詞を『Posso→Pode』『Sei→Sabe』に変えて、『?』をつけるだけ！

Pode / Sabe + 動詞の原形 ?

Pode ajudar?（手伝ってくれる？）
ポジ アジュダール

答え方　Posso.（いいよ）
　　　　ポッソ
　　　　Não posso.（いいえ、無理です）
　　　　ナウン ポッソ

Sabe dançar?（あなたは踊れますか？）
サビ ダンサール

答え方　Sei.（踊れます）
　　　　セイ
　　　　Não sei.（踊れません）
　　　　ナウン セイ

~することができます／Eu posso＋動詞の原形

応用パターンで言ってみよう!

(Eu) não posso acreditar!
(エウ) ナウン ポッソ アクレジタール

信じられない！

(Eu) não posso esperar até o domingo.
(エウ) ナウン ポッソ エスペラール アテー オ ドミンゴ

日曜日まで待てないわ。

A gente não pode sair por causa do tempo ruim.
ア ジェンチ ナウン ポジ サイール ポル カウザ ド テンポ フイン

私たち、悪天候で出かけられないよ。

> **ワンポイント** 『por causa de 〜』〜が理由で

Posso usar isso?
ポッソ ウザール イッソ

(私は) それを使ってもいい？

Posso entrar aqui?
ポッソ エントラール アキー

(私は) ここに入ってもいい？

Pode ficar tranquilo?
ポジ フィカール トランクイーロ

静かにしてくれる？

Pode me dar um copo de água?
ポジ ミ ダール ウン コポ ジ アグア

私に水をコップ一杯くれる？

Sabe usar esta máquina?
サビ ウザール エスタ マキナ

(君は) この機械、使える？

11 ～しなければなりません

Eu tenho que ＋ 動詞の原形

基本フレーズ

Eu tenho que fazer compras.
エウ　テーニョ　キ　ファゼール　コンプラス

買い物しないといけないの。

こんなときに使おう！
「今日はどんな予定？」と聞かれて…

『Eu tenho que ＋ 動詞の原形 』は、「私は～しなければなりません」と軽い必要性を表す表現です。

●基本パターン●

Eu tenho que ＋ 動詞の原形 .

『Eu devo ＋ 動詞の原形 』も同じように使えますが、義務感が強くなってしまいます。

tenhoの原形はterで、devoの原形はdeverです。

基本パターンで言ってみよう!

<ruby>Eu<rt>エウ</rt></ruby> <ruby>já<rt>ジャ</rt></ruby> <ruby>tenho<rt>テーニョ</rt></ruby> <ruby>que<rt>キ</rt></ruby> <ruby>ir<rt>イール</rt></ruby>.

Eu já tenho que ir.

もう行かなきゃ。

Eu tenho que voltar para casa.

家に戻らなくちゃ。

Agora eu tenho que ir para o supermercado.

今からスーパーに行かなくちゃ。

(ワンポイント) 『agora』今から

Hoje eu tenho que ir para o hospital.

今日は病院に行かなくちゃ。

(ワンポイント) 『hoje』今日

Você tem que mudar de trem na estação Shinjuku.

君は、新宿駅で電車を乗り換えなきゃいけないよ。

Você tem que falar bem com ela.

君は、彼女とよく話さなきゃいけないよ。

Você tem que vir mais cedo.

君、もっと早く来なきゃ。

応用

●否定パターン●

基本パターンに『não』をつけるだけ！

Eu + não + tenho que + 動詞の原形 .

「〜しなくてもいい」「〜してはいけない」などの意味になります。

エウ ナウン テーニョ キ イール
Eu não tenho que ir.

（私は行く必要はありません）

●疑問パターン●

基本パターンの主語と動詞を3人称に変えて、『？』をつけるだけ！

主語 + tem que + 動詞の原形 ？

ヴォセー テン キ イール
Você tem que ir?

（君、行かなかればいけないの？）

答え方　シン エウ テーニョ キ イール
Sim, eu tenho que ir.

（はい、私は行かなければなりません）

ナウン エウ ナウン テーニョ キ イール
Não, eu não tenho que ir.

（いいえ、私は行く必要はありません）

〜しなければなりません／Eu tenho que＋動詞の原形

😃 応用パターンで言ってみよう!

エウ ナウン テーニョ キ コンプラール イッソ
Eu não tenho que comprar isso.

それを買う必要はない。

⚠️ これも知っておこう!

●過去パターン●

主語 ＋ tinha que ＋ 動詞の原形 .

エウ チニャ キ イール
Eu tinha que ir.

私は行かなければならなかった。

エウ チニャ キ トラバリャール アテ タルジ
Eu tinha que trabalhar até tarde.

私は遅くまで働かなければなりませんでした。

ヴォセー チニャ キ パガール ア コンタ
Você tinha que pagar a conta?

君が勘定を支払わなければならなかったの？

ア ジェンチ チニャ キ エスペラール ドゥランチ マイズ メイア オーラ
A gente tinha que esperar durante mais meia hora?

私たちは、あと30分以上、待たなければならなかったかな？

12 〜したいです

Eu quero ＋ 動詞の原形

基本 フレーズ

エウ　ケーロ　アンダール
Eu quero andar.
歩いて行きたいな。

こんなときに使おう！
「バスで行く？」と聞かれて…

『Eu quero ＋ 動詞の原形 』は、「〜したいです」を表します。

●基本パターン●

Eu quero ＋ 動詞の原形 .

基本パターンで言ってみよう!

エウ ケーロ アカバール オ トラバーリョ
Eu quero acabar o trabalho.

仕事を終わらせたいな。

エウ ケーロ コンプラール ウン カーホ
Eu quero comprar um carro.

車を買いたいな。

エウ ケーロ ペルグンタール ウーマ コイザ
Eu quero perguntar uma coisa.

一つ聞きたいな。

エウ ケーロ ファラール コン ヴォセー
Eu quero falar com você.

君と話したいな。

エウ ケーロ ペジール ウーマ コイザ
Eu quero pedir uma coisa.

一つ頼みたいんだ。

エウ ケーロ シェガール ラー アズ オンジ オーラス
Eu quero chegar lá às onze horas.

向こうに11時に着きたいな。

ワンポイント　「1時に」は『à uma hora』、「2時に」は『às duas horas』です。「〜時に」の「に」は、1時台では『à』、2時以降は『às』と違ってきます。

I これだけは!! 絶対覚えたい重要パターン21

応用

●否定パターン●

基本パターンに『não』をつけるだけ！

Eu + não + quero + 動詞の原形 .

エウ ナウン ケーロ コメール イッソ
Eu não quero comer isso.（それを食べたくありません）

●疑問パターン●

基本パターンの主語と動詞を3人称に変えて、『?』をつけるだけ！

主語 + quer + 動詞の原形 ?

ヴォセー ケール コメール イッソ
Você quer comer isso?（それを食べたいですか？）

答え方　シン エウ ケーロ コメール
Sim, eu quero comer.（はい、食べたいです）
ナウン エウ ナウン ケーロ コメール
Não, eu não quero comer.

（いいえ、食べたくないです）

😊 応用パターンで言ってみよう!

エウ ナウン ケーロ トラバリャール アマニャン
Eu não quero trabalhar amanhã.

明日は働きたくないな。

ヴォセー ケール ヴィアジャール コミーゴ
Você quer viajar comigo?

僕と一緒に旅をしたい？

～したいです／Eu quero＋動詞の原形

Você quer descansar um pouco?
ヴォセー ケール デスカンサール ウン ポーコ

ちょっと休みたい？

⚠️ これも知っておこう!

●過去パターン●

1人称も3人称も動詞を『quis』に変えるだけ！

主語 ＋ quis ＋ 動詞の原形 .

Eu quis beber isso.
エウ キス ベベール イッソ

私はそれを飲みたかった。

●過去＋否定パターン●

過去パターンに『não』をつけるだけ！

主語 ＋ não ＋ quis ＋ 動詞の原形 .

Eu não quis beber isso.
エウ ナウン キス ベベール イッソ

私はそれを飲みたくなかった。

Eu também não quis ir de ônibus.
エウ タンベン ナウン キス イール ジ オニブス

私もバスでは行きたくなかった。

ワンポイント 『também』～もまた

Você não quis falar com ele?
ヴォセー ナウン キス ファラール コン エーリ

君は彼と話したくなかった？〔過去＋否定＋疑問パターン〕

13 ～があります

Tem ～

基本フレーズ

Tem uma reunião hoje à tarde.
テン ウーマ ヘウニアウン オージ ア タルジ
午後に会議があります。

こんなときに使おう！
午後の予定を聞かれて…

『Tem ～』は、「～があります」「～がいます」を表します。『～』の箇所には単数形でも複数形でもかまいません。

●基本パターン●

　　　Tem ＋ 名詞の単数形・複数形 ．

基本パターンで言ってみよう!

Tem um problema.
テン ウン プロブレーマ

問題があるんだ。

Tem uma festa de aniversário amanhã.
テン ウーマ フェスタ ジ アニヴェルサリオ アマニャン

明日、誕生パーティーがあるよ。

Tem um elevador à direita.
テン ウン エレヴァドール ア ジレイタ

右手にエレベーターがあります。

Tem um sanitário à esquerda.
テン ウン サニタリオ ア エスケルダ

左手に公衆トイレがあります。

Tem duas saídas.
テン ドゥアス サイーダス

出口は2ヶ所あります。

Tem muita gente.
テン ムインタ ジェンチ

すごいたくさんの人だ!

Tem um voo para o Rio de Janeiro às nove horas.
テン ウン ヴォー パラ オ ヒオ ジ ジャネイロ アズ ノーヴィ オーラス

9時にリオデジャネイロ行きのフライトがあるよ。

ワンポイント 『voo para 〜』〜行きのフライト

I これだけは!! 絶対覚えたい重要パターン21

応 用

●否定パターン●

基本パターンのtemの前に『não』をつけるだけ！

Não + tem + 名詞の単数形・複数形 .

ナウン テン ウン バール ポル アキー
Não tem um bar por aqui.

(このあたりにはバールがありません)

●疑問パターン●

基本パターンに『?』をつけるだけ！

Tem + 名詞の単数形・複数形 ?

テン ウン バール ポル アキー
Tem um bar por aqui?

(このあたりにバールはありますか？)

答え方　Sim, tem.（はい、あります）
シン テン
Não, não tem.（いいえ、ありません）
ナウン ナウン テン

~があります／Tem ~

😃 応用パターンで言ってみよう!

ナウン テン ナーダ アキー
Não tem nada aqui.

ここには何もないよ。

ナウン テン ネニューマ エスコーリャ
Não tem nenhuma escolha.

まったく選択の余地がない。

ワンポイント　『nenhum / nenhuma』まったく〜ない

テン アウグン プロブレーマ
Tem algum problema?

何か問題がありますか？

ワンポイント　『algum / alguma』何か
ちなみに『alguns / algumas』は「いくつかの」を意味します。

テン プレッサ アゴラ
Tem pressa agora?

今、急いでいる？

⚠ これも知っておこう!

Temの過去の表現をするには、Teveを使います。

テヴィ ウン アシデンチ オンテン ア ノイチ
Teve um acidente ontem à noite.

昨夜、事故があった。

ワンポイント　『ontem à noite』昨夜

14 〜は何ですか?

O que é 〜 ?

基本フレーズ

O que é essa comida?
オ キ エ エッサ コミーダ
その食べ物は何ですか？

こんなときに使おう！
めずらしい料理が出てきて…

『O que é 〜?』は、「〜は何ですか？」という表現です。
『O que é 〜?』と聞かれたら、『É feijoada.』（フェイジョアーダです）などのように答えます。

基本パターン

O que é ＋ 名詞の単数形 ?

O que são ＋ 名詞の複数形 ?

基本パターンで言ってみよう!

オ　キ　エー　イッソ
O que é isso?

それは何？

オ　キ　エー　アケーリ　　プレジオ
O que é aquele prédio?

あの建物は何ですか？

オ　キ　エー　エッサ　コイザ　エン　シーマ　ダ　メーザ
O que é essa coisa em cima da mesa?

テーブルの上のものは何ですか？

ワンポイント 『coisa』もの

オ　キ　エー　アケーリ　　バルーリョ
O que é aquele barulho?

あの騒音は何だろう？

オ　キ　サウン　アケーラス　ルーゼス
O que são aquelas luzes?

あの光は何ですか？

オ　キ　サウン　エッシス　パコッチス
O que são esses pacotes?

それらのパッケージは何ですか？

応用

●応用パターン1●

何をするのですか？

> O que + 主語 + 動詞の現在形 ?
>
> O que + 主語 + 近接未来 ?

応用パターンで言ってみよう!

オ キ ヴォセー ミ ヘコメンダ
O que você me recomenda?

何がおすすめ？

オ キ ヴォセー ケール ファゼール
O que você quer fazer?

君は何をしたい？

オ キ ヴォセー ヴァイファゼール ノ フィン ジ セマーナ
O que você vai fazer no fim de semana? 〔近接未来〕

君は週末には何をするの？

オ キ ア ジェンチ ヴァイ コメール
O que a gente vai comer? 〔近接未来〕

何を食べようか？

オ キ ア ジェンチ ヴァイ ベベール
O que a gente vai beber? 〔近接未来〕

何を飲もうか？

オ キ ケール ジゼール イッソ
O que quer dizer isso?

それ、どういう意味？

〜は何ですか？／O que é 〜？

●応用パターン2●

何を〜したのですか？

O que ＋ 主語 ＋ 動詞の過去形 ？

応用パターンで言ってみよう!

O que você pediu?
オ キ ヴォセー ペジウ

君は何を頼んだの？

O que você fez ontem?
オ キ ヴォセー フェズ オンテン

君は昨日、何をしたの？

O que o pai disse?
オ キ オ パイ ジッシ

お父さんは何て言ってたの？

O que a mãe cozinhou?
オ キ ア マンイ コジニョー

お母さんは何を料理したの？

O que a gente comeu ontem à noite?
オ キ ア ジェンチ コメウ オンテン ア ノイチ

僕らは夕べ、何を食べたっけ？

O que você presenteou para a sua namorada?
オ キ ヴォセー プレゼンチオー パラ ア スア ナモラーダ

君は恋人に何をプレゼントしたの？

O que você comprou no shopping center?
オ キ ヴォセー コンプロー ノ ショッピング センテール

君はショッピングセンターで何を買ったの？

●応用パターン3●

何を〜していますか？

O que ＋ 主語 ＋ está ＋ 現在分詞(-ndo) ？

😊 応用パターンで言ってみよう!

オ キ ヴォセー エスター ファゼンド
O que você está fazendo?

君は何をしているの？

オ キ ヴォセー エスター ペンサンド
O que você está pensando?

君は何を考えているの？

オ キ エーリ エスター ジゼンド
O que ele está dizendo?

彼は何て言っているの？

オ キ エーラ エスター プロクランド
O que ela está procurando?

彼女は何を探しているの？

オ キ ヴォセー エスター コメンド
O que você está comendo?

君は何を食べているの？

オ キ ヴォセー エスター ケレンド
O que você está querendo?

君は何がほしいの？

~は何ですか？／O que é～？

⚠️ これも知っておこう!

Queの後に名詞をつなげることもできます。

Que dia é hoje?
キ　ジーア　エ　オージ
今日は何日？

Que animal é aquele?
キ　アニマウ　エ　アケーリ
あれは何の動物だろう？

Que tipo de pessoa é ele?
キ　チポ　ジ　ペッソア　エ　エーリ
彼はどういうタイプの人だろう？

Que tipo de carro você tem?
キ　チポ　ジ　カーホ　ヴォセー　テン
君はどんなタイプの車を持っているの？

Que tipo de comida você quer comer?
キ　チポ　ジ　コミーダ　ヴォセー　ケール　コメール
君はどんなタイプの食べ物を食べたい？

Que companhia de avião você prefere?
キ　コンパニーア　ジ　アヴィアウン　ヴォセー　プレフェリ
君はどの航空会社がいいの？

Que marca de roupa você vai comprar?
キ　マルカ　ジ　ホウパ　ヴォセー　ヴァイ　コンプラール
君はどのブランドの服を買うつもりなの？　〔近接未来〕

15 何が〜ですか？

Qual é 〜 ?

基本フレーズ

クアウ エ ア スア コミーダ プレフェリーダ
Qual é a sua comida preferida?
あなたの好きな料理は何ですか？

こんなときに使おう！
メニューを見ながら…

『Qual é 〜?〔単数形〕』または『Quais são 〜?〔複数形〕』は、「何が〜ですか？」という表現です。「どちら／どれが〜ですか？」と、選択肢があることに対して用いられます。

『Qual é 〜?』『Quais são 〜?』と聞かれたら、『É a pizza.』(ピザです)などのように答えます。

基本パターン

Qual é ＋ 名詞の単数形 ?

Quais são ＋ 名詞の複数形 ?

基本パターンで言ってみよう!

Qual é o meu?
（クアウ エ オ メウ）

どちらが私の？

Qual é a sua casa?
（クアウ エ ア スア カーザ）

どれがあなたの家？

Qual é o seu hobby?
（クアウ エ オ セウ ホビー）

あなたの趣味は何ですか？

Qual é o seu número de telefone?
（クアウ エ オ セウ ヌメロ ジ テレフォニ）

あなたの電話番号は何ですか？

Qual é a sua opinião?
（クアウ エ ア スア オピニアウン）

君の意見は（どう）？

Qual é a diferença entre A e B?
（クアウ エ ア ジフェレンサ エントリ ア イ ベ）

AとBの違いは何ですか？

ワンポイント 『a diferença entre A e B』AとBの違い

Quais são os seus livros?
（クアイス サウン オス セウス リーヴロス）

君の本はどれ？

Quais são os seus filmes preferidos?
（クアイス サウン オス セウス フィウミス プレフェリードス）

君の好きな映画は何ですか？

応 用

●応用パターン●

どちらを〜しますか？

Qual + 主語 + 動詞の現在形 ?

応用パターンで言ってみよう!

クアウ ヴォセー ケール
Qual você quer?

どちらがほしいですか？

クアウ ヴォセー メ ヘコメンダ
Qual você me recomenda?

どちらがお勧め？

クアウ エウ ポッソ コメール
Qual eu posso comer?

どれを食べればいいの？

クアウ エウ デヴォ ラヴァール
Qual eu devo lavar?

どれを洗えばいいの？

クアウ ベビーダ ヴォセー ケール
Qual bebida você quer?

君はどの飲みものがいいの？

ワンポイント 『Qual』のあとに名詞をつなげることもできます。

何が～ですか？／Qual é ～？

これも知っておこう!

「どちらが（どれが）より～ですか？」「どちらが（どれが）最も（一番）～ですか？」という表現もできます。

どちらが（どれが）より～ですか？

> Qual é mais ＋ 形容詞 ?

どちらが（どれが）最も（一番）～ですか？

> Qual é o(または a) mais ＋ 形容詞 ?

<ruby>Qual<rt>クアウ</rt></ruby> <ruby>é<rt>エ</rt></ruby> <ruby>mais<rt>マイズ</rt></ruby> <ruby>bonita<rt>ボニータ</rt></ruby>?
Qual é mais bonita?
どちらがかわいい？

Qual é o mais rápido?
（クアウ エ オ マイズ ハピド）
どれが一番速い？

Qual é melhor?
（クアウ エ メリョール）
どちらがいいかな？

> ワンポイント 独自に変化する単語もありますので、maisが必要ない場合があります。

Qual é o melhor?
（クアウ エ オ メリョール）
どれが一番いいかな？

16 〜は誰?

Quem é 〜 ?

基本フレーズ

Quem é Marcelo?
ケン エ マルセーロ

マルセーロって誰?

こんなときに使おう!
会話の途中に知らない名前が出てきて…

『Quem é 〜?〔単数形〕』『Quem são 〜?〔複数形〕』は、「〜は誰ですか?」という表現です。

『Quem é 〜?』と聞かれたら、『É o meu irmão.(私の兄/弟です)』などのように答えます。

基本パターン

Quem é ＋ 名詞の単数形 ?

Quem são ＋ 名詞の複数形 ?

基本パターンで言ってみよう!

Quem é ele?
<small>ケン エ エーリ</small>

彼は誰?

Quem é o seu professor de japonês?
<small>ケン エ オ セウ プロフェソール ジ ジャポネース</small>

あなたの日本語の先生は誰?

Quem é?
<small>ケン エ</small>

どちらさまですか?

> **ワンポイント** インターホンで答えるとき、このように言います。

Quem é aquela moça de óculos?
<small>ケン エ アケーラ モッサ ジ オクロス</small>

あのメガネをかけた女の子は誰?

Quem são aquelas pessoas?
<small>ケン サウン アケーラス ペッソアス</small>

あの人たちは誰?

応用

●応用パターン1●

誰が〜しますか？

Quem + 動詞の現在形 ?

応用パターンで言ってみよう!

Quem é o próximo?
ケン エ オ プロッシモ

次は誰？

Quem é certo?
ケン エ セルト

誰が正しいの？

Quem fala?
ケン ファーラ

どなたですか？

> **ワンポイント** 電話でよくこの表現が用いられます。『fala』話す

Quem bebe vinho?
ケン ベービ ヴィーニョ

誰がワインを飲むの？

Quem vem comigo?
ケン ヴェン コミーゴ

誰が私と一緒に来るの？

~は誰？／Quem é ~?

●応用パターン2●

誰が〜しましたか？

Quem + 動詞の過去形 ?

😃 応用パターンで言ってみよう!

Quem fez essa coisa?
ケン　フェス　エッサ　コイザ

誰がそのようなことをやったんですか？

Quem disse isso?
ケン　ジッシ　イッソ

誰がそう言ったの？

Quem pagou o jantar?
ケン　パゴー　オ　ジャンタール

誰が夕食代を払ったの？

Quem fez a limpeza do banheiro?
ケン　フェス　ア　リンペーザ　ド　バニェイロ

誰がトイレの掃除をしたの？

Quem comeu o meu bolo?
ケン　コメウ　オ　メウ　ボーロ

誰が私のケーキを食べたの？

Quem aceitou isso?
ケン　アセイトウー　イッソ

誰がそれを承諾したの？

17 〜はいつ？

Quando é 〜 ?

基本 フレーズ 🎵

Quando é o seu aniversário?
クアンド エ オ セウ アニヴェルサリオ
あなたの誕生日はいつ？

こんなときに使おう！
誕生日を聞きたいときに…

『Quando é 〜?』は、「〜はいつですか？」という表現です。
『Quando é 〜?』と聞かれたら、『É amanhã.（明日です）』『É a segunda-feira.（月曜日です）』などのように答えます。

● 基本パターン ●

Quando é ＋ 名詞 ?

基本パターンで言ってみよう!

Quando é a primeira aula?
（クアンド エ ア プリメイラ アウラ）

最初の授業はいつ？

Quando é o dia da partida?
（クアンド エ オ ジア ダ パルチーダ）

試合の日はいつ？

Quando é o dia de entrega?
（クアンド エ オ ジア ジ エントレーガ）

引き渡し日はいつ？

Quando é o prazo de validade?
（クアンド エ オ プラゾ ジ ヴァリダージ）

賞味期限（有効期限）はいつ？

Quando é a data prevista de chegada do pedido?
（クアンド エ ア ダータ プレヴィスタ ジ シェガーダ ド ペジード）

注文品の到着予定日はいつ？

応 用

●応用パターン1●

いつ～しますか？

Quando ＋ 主語 ＋ 動詞の現在形 ？

Quando ＋ 主語 ＋ 近接未来 ？

応用パターンで言ってみよう！

クアンド　　ヴォセー　ヴォウタ
Quando você volta?

いつ君は戻るの？

クアンド　　ヴォセー　ヴァイ　パラ　オ　ブラジウ
Quando você vai para o Brasil?

いつ君はブラジルに行くの？

クアンド　　ヴォセー　ヴァイ　アカバール　イッソ
Quando você vai acabar isso?

いつ君はそれを終えるの？

クアンド　ア　ジェンチ　ヴァイ ファゼール イッソ
Quando a gente vai fazer isso?

いつそれをやろうか？

クアンド　ア　ジェンチ　ヴァイ　シ　ヴェール　オートラ　ヴェス
Quando a gente vai se ver outra vez?

いつまた会おうか？

～はいつ？／Quando é ～？

● 応用パターン2 ●

いつ～しましたか？

Quando + 主語 + 動詞の過去形 ?

応用パターンで言ってみよう!

Quando você viu Marcelo?
クアンド ヴォセー ヴィウ マルセーロ
いつ君はマルセーロに会ったの？

Quando você soube dessa coisa?
クアンド ヴォセー ソービ デッサ コイザ
いつ君はそのことを知ったの？

Quando você esteve em Kyoto?
クアンド ヴォセー エステヴィ エン キョウト
いつ君は京都に滞在したことがあるの？

Quando você falou com ela?
クアンド ヴォセー ファロー コン エーラ
いつ君は彼女と話したの？

Quando a gente foi para o Brasil?
クアンド ア ジェンチ フォイ パラ オ ブラジウ
僕たち、いつブラジルに行ったんだっけ？

⚠ これも知っておこう! ——日時を表す単語

【月】

1月	janeiro	7月	julho
2月	fevereiro	8月	agosto
3月	março	9月	setembro
4月	abril	10月	outubro
5月	maio	11月	novembro
6月	junho	12月	dezembro

【日にち】

「1日 = primeiro」以外は、数字をそのまま言います。「日にち + de + 月」です。

8月1日	primeiro de agosto
8月10日	dez de agosto

【年月日】

「日にち + de + 月 + de + 年」です。

2016年7月20日	vinte de julho de dois mil e dezesseis

【曜日】

月曜日	a segunda-feira	金曜日	a sexta-feira
火曜日	a terça-feira	土曜日	o sábado
水曜日	a quarta-feira	日曜日	o domingo
木曜日	a quinta-feira		

~はいつ？ ／ Quando é ~ ?

【その他】

今日	hoje
昨日	ontem
おととい	anteontem
明日	amanhã
あさって	depois de amanhã
今週	esta semana
先週	a semana passada
来週	a semana que vem
今週の土曜日	o sábado desta semana
先週の土曜日	o sábado da semana passada
来週の土曜日	o sábado da semana que vem
今月	este mês
先月	o mês passado
来月	o mês que vem
今年	este ano
去年	o ano passado
来年	o ano que vem
午前に	de manhã
午後に	à tarde
夜に	à noite
今朝	esta manhã
今日の午後	esta tarde
今夜	esta noite

18 ～はどこですか?

Onde é ～ ?

基本フレーズ

Onde é o ponto de táxi?
オンジ エ オ ポント ジ タクシ
タクシー乗り場はどこですか？

こんなときに使おう！
道や場所を聞きたいときに…

『Onde é ～?』は、「～はどこですか？」という表現です。

『Onde é ～?』と聞かれたら、『É à direita.（右手にあります）』とか『É em Tokyo.（東京にあります）』などのように答えます。

『～』が人の場合は、『Onde está ～?』のように、動詞は基本的にestarを用います。

基本パターン

Onde é ＋ 名詞 ?

Onde está ＋ 人 ?

基本パターンで言ってみよう!

<ruby>Onde é<rt>オンジ エ ア</rt></ruby> **a <ruby>estação<rt>エスタサウン</rt></ruby>?**

駅はどこですか?

<ruby>Onde é<rt>オンジ エ オ</rt></ruby> **o <ruby>estacionamento<rt>エスタシオナメント</rt></ruby>?**

駐車場はどこですか?

<ruby>Onde é<rt>オンジ エ ア スア</rt></ruby> **a sua <ruby>escola<rt>エスコーラ</rt></ruby>?**

あなたの学校はどこですか?

<ruby>Onde é<rt>オンジ エ ア スア</rt></ruby> **a sua <ruby>companhia<rt>コンパニーア</rt></ruby>?**

あなたの会社はどこですか?

<ruby>Onde é<rt>オンジ エ ア</rt></ruby> **a <ruby>sede<rt>セージ</rt></ruby>?**

本店はどこですか?

<ruby>Onde está<rt>オンジ エスター</rt></ruby> **<ruby>Patrícia<rt>パトリシア</rt></ruby>?**

パトリシアはどこですか?

これも知っておこう!

「〜はどこですか?」という表現は、他に『Onde tem 〜?』『Onde fica 〜?』などがあります。

<ruby>Onde tem<rt>オンジ テン</rt></ruby> **o <ruby>ponto de táxi<rt>オ ポント ジ タクシ</rt></ruby>?**

タクシー乗り場はどこですか?

応　用

●応用パターン1●

どこで（に）〜しますか？

Onde ＋ 主語 ＋ 動詞の現在形 ?

Onde ＋ 主語 ＋ 近接未来 ?

😀 応用パターンで言ってみよう!

Onde você vai?
オンジ ヴォセー ヴァイ

どこに行くの？

Onde você mora?
オンジ ヴォセー モーラ

どこに住んでいるの？

Onde você vai estacionar?
オンジ ヴォセー ヴァイ エスタシオナール

どこに駐車するの？

Onde a gente vai jantar hoje à noite?
オンジ ア ジェンチ ヴァイジャンタール オージ ア ノイチ

今夜、どこで夕食を食べようか？

～はどこですか？／Onde é ～ ?

●応用パターン2●

どこで（に）〜しましたか？

$$\boxed{\text{Onde}} + \boxed{\text{主語}} + \boxed{\text{動詞の過去形}} \text{ ?}$$

応用パターンで言ってみよう!

オンジ　ヴォセー　コンプロー　イッソ
Onde você comprou isso?

どこでそれを買ったの？

オンジ　ヴォセー　ヴィウ　オ　メウ　フィーリョ
Onde você viu o meu filho?

どこで私の息子を見たの？

オンジ　ヴォセー　デイショー　ア　シャーヴィ
Onde você deixou a chave?

どこにカギを置き忘れたの？

オンジ　ヴォセー　フォイ　オージ
Onde você foi hoje?

今日どこに行ったの？

オンジ　ヴォセー　エスターヴァ　アテ　アゴラ
Onde você estava até agora?

今までどこにいたの？

ワンポイント 『estava』は動詞estarの半過去形

19 どうして〜？

Por que 〜 ?

基本フレーズ

Por que você estuda português?
ポル キ ヴォセー エストゥダ ポルトゥゲース
どうしてポルトガル語を勉強しているの？

こんなときに使おう！
語学学校の友達に…

　『Por que ＋主語＋動詞の現在形？』や『Por que ＋主語＋近接未来？』は、「どうして〜するのですか？」と理由をたずねる表現です。『Por quê?』だけでもよく使います。

　『Por que 〜?』と聞かれたら、『Porque 〜』と答えます。

基本パターン

Por que ＋ 主語 ＋ 動詞の現在形 ？

Por que ＋ 主語 ＋ 近接未来 ？

基本パターンで言ってみよう!

Por que você está contente?
どうして喜んでいるの？

答え方　**Porque eu consegui um emprego.**
仕事を見つけたからだよ。

Por que você vai para casa?
どうして家に帰るの？

答え方　**Porque eu tenho muitas coisas para fazer.**
やることがたくさんあるからだよ。

Por que você quer morar no Brasil?
どうしてブラジルに住みたいの？

答え方　**Porque eu quero estudar português.**
ポルトガル語を学びたいからだよ。

Por que você cozinha muito bem?
どうして料理が上手なの？

答え方　**Porque eu era cozinheira no Brasil.**
ブラジルでは料理人だったからよ。

Por que você volta para casa muito tarde?
どうして帰宅が遅いの？

答え方　**Porque eu tenho um encontro.**
デートがあるからだよ。

応用

● 応用パターン ●

どうして〜したのですか？

> Por que + 主語 + 動詞の過去形 ?
>
> Por que + 主語 + 動詞の半過去形 ?

応用パターンで言ってみよう!

Por que você foi para o escritório?
ポル キ ヴォセー フォイ パラ オ エスクリトリオ

どうしてオフィスに行ったの？

答え方 **Porque eu tinha que trabalhar.**
ポルキ エウ チニャ キ トラバリャール

仕事をしなければならなかったからだよ。

Por que você foi para o Rio de Janeiro?
ポル キ ヴォセー フォイ パラ オ ヒオ ジ ジャネイロ

どうしてリオデジャネイロに行ったの？

答え方 **Porque eu tenho uma amiga no Rio de Janeiro.**
ポルキ エウ テーニョ ウーマ アミーガ ノ ヒオ ジ ジャネイロ

リオデジャネイロに友達がいるからだよ。

Por que você não telefonou para Daniel?
ポル キ ヴォセー ナウン テレフォノー パラ ダニエウ

どうしてダニエルに電話しなかったの？

答え方 **Porque eu não tinha tempo.**
ポルキ エウ ナウン チニャ テンポ

時間がなかったからだよ。

どうして〜？／Por que 〜？

⚠ これも知っておこう!

『Por que + 主語 + 動詞 +tão+ 形容詞（または副詞） ?』で、「どうしてそんなに〜（形容詞または副詞）なの？」となります。

Por que você está tão cansado?
ポル　キ　ヴォセー　エスター　タウン　カンサード

どうしてそんなに疲れているの？

> 答え方　**Porque eu trabalhei demais hoje.**
> ポルキ　エウ　トラバリェイ　ジマイス　オージ
>
> 今日、働き過ぎたから。
>
> ワンポイント 『〜 demais』〜過ぎ

Por que você anda tão rápido?
ポル　キ　ヴォセー　アンダ　タウン　ハピド

どうしてそんなに速く歩くの？

> 答え方　**Porque a gente está atrasado.**
> ポルキ　ア　ジェンチ　エスター　アトラザード
>
> 僕たち、遅れているからさ。

Por que você fala japonês tão bem?
ポル　キ　ヴォセー　ファーラ　ジャポネース　タウン　ベン

どうしてそんなに日本語を上手に話すの？

> 答え方　**Porque eu nasci aqui no Japão.**
> ポルキ　エウ　ナシ　アキー　ノ　ジャパウン
>
> ここ、日本に生まれたから。

20 〜はどう？

Como vai 〜 ?

基本フレーズ

Como vai o trabalho?
コモ ヴァイ オ トラバーリョ
仕事はどう？

こんなときに使おう！
新しい職に就いた友人に…

『Como vai 〜?』は、「〜はどうですか？」という表現です。この場合の『vai』は「行く」という意味ではなく、「物事がうまくいっている」という意味になります。

基本パターン

Como vai ＋ 主語 ?

基本パターンで言ってみよう!

Como vai a vida no Brasil?
コモ ヴァイ ア ヴィーダ ノ ブラジウ

ブラジルでの暮らしはどう？

答え方　**Tudo bem.**
　　　　トゥード ベン

とてもうまくいってるよ。

Não é ruim.
ナウン エ フイン

悪くないよ。

É cansativa.
エ カンサチーヴァ

疲れ気味さ。

Como vai o estudo de português?
コモ ヴァイ オ エストゥード ジ ポルトゥゲース

ポルトガル語の勉強はどう？

答え方　**É difícil.**
　　　　エ ジフィーシウ

難しくて。

É fácil.
エ ファーシウ

簡単さ。

これも知っておこう!

『Que tal ～?』『Como está ～?』も、『Como vai ～?』と入れ替えて使えます。

応用

『Como＋動詞？』で、状態・方法・手段（「どのように」「どうやって」）をたずねることができます。

●応用パターン1●

どのように（どうやって）〜するのですか？

> Como ＋ 主語 ＋ 動詞の現在形 ？
>
> Como ＋ 主語 ＋ 近接未来 ？

応用パターンで言ってみよう!

コモ　エスター　オ　セウ　パイ　ノ　ブラジウ
Como está o seu pai no Brasil?

あなたのブラジルのお父さんは元気？

答え方　エスター　ベン　オブリガード
Está bem, obrigado.

元気です、ありがとう。

コモ　ア　スア　フィーリャヴァイ　アテ　ア　エスコーラ
Como a sua filha vai até a escola?

あなたの娘さんは学校までどうやって行くの？

答え方　ジ　オニブス　エスコラール
De ônibus escolar.

スクールバスで行きます。

コモ　シ　ウザ　エッシ　フォルノ　ジ　ミクロ　オンダス
Como se usa esse forno de micro-ondas?

その電子レンジはどうやって使えばいいの？

~はどう？／Como vai ~ ?

答え方 **Eu te digo logo.**
エウ チ ジゴ ロゴ

すぐに教えるよ。

ワンポイント 『te』君に

●応用パターン2●

どのように（どうやって）～したのですか？

Como + 主語 + 動詞の過去形 ?

😃 応用パターンで言ってみよう！

Como você foi para Tokyo?
コモ ヴォセー フォイ パラ トキョウ

どうやって東京に行ったのですか？

答え方 **Eu peguei Shinkansen.**
エウ ペゲイ シンカンセン

新幹線に乗りました。

Como você conseguiu isso?
コモ ヴォセー コンセギウ イッソ

どうやったらそんなことできたの？

答え方 **Não foi muito fácil.**
ナウン フォイ ムイント ファーシウ

簡単じゃなかったよ。

Como você ganhou esse dinheiro?
コモ ヴォセー ガニョー エッシ ジニェイロ

どうやってそのお金を得たの？

答え方 **O meu pai me enviou.**
オ メウ パイ ミ エンヴィオー

お父さんが送ってくれたんだよ。

21 ～はどれくらい？

Quanto ～ ?

基本 フレーズ

Quanto custa? / Quanto é?
クアント クスタ　　クアント エ

おいくらですか？

こんなときに使おう！

お店で値段を聞くときに…

　『Quanto ～?』は、「～はどれくらいですか？」という表現です。『Quanto + 動詞 ?』または『Quanto + 名詞 + 動詞 ?』で、数量や状態（「いくつの」「どれくらいの」）をたずねることができます。

基本パターン

Quanto / Quanto + 名詞 + 主語 + 動詞の現在形 ?

　『Quanto + 名詞 + 動詞 ?』のように、Quantoのあとに名詞が続く場合はQuanta, Quantos, Quantasと名詞の性と数にしたがって変化します。

基本パターンで言ってみよう!

Quanto você come?
クアント　ヴォセー　コーミ

どれくらい食べますか？

答え方　**Eu vou comer bastante.**
エウ　ヴォー　コメール　バスタンチ

たくさん食べます。

Eu vou comer um pouco.
エウ　ヴォー　コメール　ウン　ポーコ

少し食べます。

Quanto tempo leva?
クアント　テンポ　レーヴァ

どれくらい時間がかかりますか？

ワンポイント　時間を聞くときは、主語の省略が多いです。

答え方　**Somente dez minutos.**
ソメンチ　デス　ミヌートス

ほんの10分です。

Quantos pacotes você tem que embalar?
クアントス　パコッチス　ヴォセー　テン　キ　エンバラール

どれだけの小包を梱包しなければいけないの？

答え方　**Cerca de vinte.**
セルカ　ジ　ヴィンチ

およそ20個。

ワンポイント　『cerca de ～』およそ～

応 用

●応用パターン1●

どれくらい〜したのですか？

Quanto / Quanto ＋ 名詞 ＋ 主語 ＋ 動詞の過去形 ？

応用パターンで言ってみよう!

クアント ヴォセー コメウ
Quanto você comeu?
どれくらい食べたの？

答え方　**エウ コミ バスタンチ**
　　　　Eu comi bastante.
　　　　たくさん食べました。

　　　　エウ コミ ウン ポーコ
　　　　Eu comi um pouco.
　　　　少しだけ食べました。

クアント テンポ パッソー
Quanto tempo passou?
どれくらいの時間が経ちましたか？

答え方　**クアジ ウーマ オーラ**
　　　　Quase uma hora.
　　　　約1時間。

〜はどれくらい？／Quanto 〜？

●応用パターン2●

どれくらい〜するのですか？

Quanto / Quanto ＋ 名詞 ＋ 主語 ＋ 近接未来 ？

応用パターンで言ってみよう!

クアント　テンポ　オ アヴィアン ヴァイ　デモラール
Quanto tempo o avião vai demorar?

飛行機はどれくらい遅れますか？

答え方　セルカ　ジ　ウーマ　オーラ
Cerca de uma hora.

およそ1時間くらいです。

クアンタス　ガハーファス　ヴォセー ヴァイ　コンプラール
Quantas garrafas você vai comprar?

ボトルを何本買いますか？

ワンポイント　『〜 garrafas』〜本

答え方　エウ ヴォー レヴァール　クアトロ　ガハーファス
Eu vou levar quatro garrafas.

4本買います。

ワンポイント　動詞『levar』は「買う」の意味があります。

さらに応用

●Quanto é ～? / Quanto(a)s são ～?
（どれくらいですか？）

Quantas crianças são?
クアンタス クリアンサス サウン

子供たちは何人いますか？

答え方　**São seis.**
　　　　サウン セイス
　　　　6人です。

●Quantos anos ～?
（何歳ですか？）

Quantos anos você tem?
クアントス アーノス ヴォセー テン

あなたは何歳ですか？

答え方　**Eu tenho vinte e um anos.**
　　　　エウ テーニョ ヴィンチ イ ウン アーノス
　　　　21歳です。

●Quanto custa ～?
（どれくらいの費用がかかりますか？）

Quanto custa uma consulta médica?
クアント クスタ ウーマ コンスウタ メジカ

診察料はいくらかかりますか？

答え方　**Custa cinco mil ienes.**
　　　　クスタ シンコ ミル イエニス
　　　　5000円かかります。

~はどれくらい？／Quanto ～？

●Quanto tempo vai levar ～?
（どれくらいかかりますか？）

_{クアント　　テンポ　ヴァイレヴァール　パラ　シェガール　ノ　アエロポルト}
Quanto tempo vai levar para chegar no aeroporto?
空港までどれくらいかかりますか？

答え方　_{ヴァイレヴァール　クアレンタ　ミヌトス}
Vai levar quarenta minutos.
40分かかります。

●Quantas horas vai levar ～?
（何時間かかりますか？）

_{クアンタス　オーラス　ヴァイレヴァール　パラ　エスタール　プロント}
Quantas horas vai levar para estar pronto?
出来上がるまで何時間かかりますか？

答え方　_{ヴァイレヴァール ドゥアス オーラス}
Vai levar duas horas.
2時間かかります。

●Quantos minutos vai levar ～?
（何分かかりますか？）

_{クアントス　ミヌートス　ヴァイレヴァール　パラ　ファゼール ア　リンペーザ}
Quantos minutos vai levar para fazer a limpeza?
掃除するのに何分かかりますか？

答え方　_{ヴァイレヴァール メイア オーラ}
Vai levar meia hora.
30分かかります。

> ワンポイント　『meia hora』30分

これも知っておこう!

【数字】

1と2は男性形と女性形があります。

1	um 男 / uma 女	21	vinte e um
2	dois 男 / duas 女	30	trinta
3	três	40	quarenta
4	quatro	50	cinquenta
5	cinco	60	sessenta
6	seis	70	setenta
7	sete	80	oitenta
8	oito	90	noventa
9	nove	100	cem
10	dez	101	cento e um
11	onze	125	cento e vinte e cinco
12	doze		
13	treze		
14	quatorze		
15	quinze		
16	dezesseis		
17	dezessete		
18	dezoito		
19	dezenove		
20	vinte		

Parte II

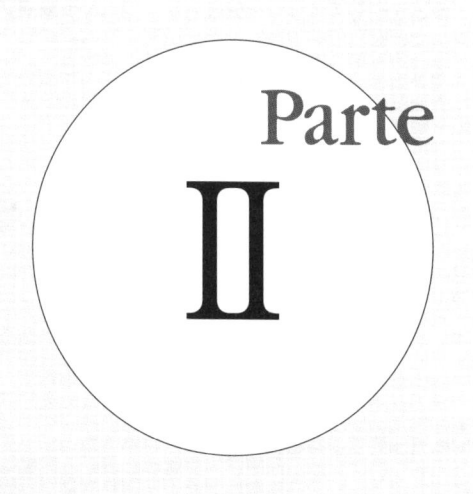

使える!
頻出パターン 51

22 〜がほしいのですが

Eu queria 〜

基本フレーズ♪

Eu queria uma água.
エウ　ケリーア　ウーマ　アグア
水をいただきたいのですが。

こんなときに使おう！
バールやレストランで水を注文するときに…

　『Eu queria 〜』は、『Eu quero 〜（〜が欲しい）』の丁寧な言い回しです。

　『Eu queria + 名詞 』で「〜がほしいのですが」となります。初対面やあまり親しくない人、目上の人に対して使います。「できることなら〜したい／〜がほしい」という遠慮の意味合いも含まれます。

● 基本パターン ●

Eu queria ＋ 名詞 .

~がほしいのですが／Eu queria ~

基本パターンで言ってみよう!

Eu queria um cardápio.
エウ ケリーア ウン カルダピオ
メニューがほしいのですが。

Eu queria um vinho tinto.
エウ ケリーア ウン ヴィーニョ チント
赤ワインがほしいのですが。

Eu queria um mapa da cidade.
エウ ケリーア ウン マーパ ダ シダージ
街の地図がほしいのですが。

Eu queria um computador.
エウ ケリーア ウン コンプタドール
パソコンがほしいな。

Eu queria a sua opinião.
エウ ケリーア ア スア オピニアウン
あなたの意見をお聞かせください。

Eu queria a sua identificação.
エウ ケリーア ア スア イデンチフィカサウン
あなたのIDをお願いします。

23 〜したいのですが

Eu queria 〜

基本フレーズ

Eu queria beber uma taça de vinho.
（エウ ケリーア ベベール ウーマ タッサ ジ ヴィーニョ）
グラスワインを飲みたいのですが。

こんなときに使おう！
飲み物を注文するときに…

　『Eu queria 〜』は、『Eu quero 〜（〜したい）』の丁寧な言い回しです。『〜』には動詞の原形がきます。

●基本パターン●

Eu queria ＋ 動詞の原形 .

~したいのですが／Eu queria ~

基本パターンで言ってみよう!

Eu queria experimentar uma água de coco.
ココナッツジュースを試してみたいんだけど。

Eu queria morar no Rio de Janeiro.
リオデジャネイロに住んでみたいけど。

Eu queria falar com ela.
彼女と話してみたいのだが。

Eu queria experimentar aquela roupa.
あの服を試着してみたいのですが。

Eu queria comer um prato japonês.
日本食を食べたいのですが。

Eu queria visitar Santos.
サントスを訪れてみたいのだが。

これも知っておこう!

『Eu queria ~』の表現は、他に『Eu gostaria de + 名詞（または動詞の原形）』があります。「~がほしいのですが（~したいと思っているのですが）」という意味です。さらに遠慮、丁寧さが増します。

24 〜はいかがですか？

Você queria 〜 ?

基本フレーズ ♪

ヴォセー　ケリーア　ウン　ヴィーニョ　ブランコ
Você queria um vinho branco?
白ワインはいかがですか？

こんなときに使おう！
夕食に招待したお客さんにワインを勧めるときに…

　『Você queria 〜?』は、『Você quer 〜?』の丁寧な言い回しです。「〜はいかがですか？」と何かを勧めるときや要望を聞くときに使います。

　『Você queria 〜?』の『〜』には、この課では名詞がきます。『Você queria 〜?』と聞かれたら、『Sim, obrigado（a）．(はい、ぜひ)』『Não, obrigado（a）．(いいえ、結構です)』などと答えましょう。

● 基本パターン ●

Você queria ＋ 名詞 ？

~はいかがですか？／Você queria ～?

基本パターンで言ってみよう!

ヴォセー　ケリーア　ウーマ　ソブレメーザ
Você queria uma sobremesa?

デザートはいかがですか？

ヴォセー　ケリーア　オートラ　ガハーファ
Você queria outra garrafa?

もうワンボトル、いかがですか？

ヴォセー　ケリーア　ウン　コーポ　ジ　アーグア
Você queria um copo de água?

お水を一杯、いかがですか？

ヴォセー　ケリーア　ウーマ　コピア
Você queria uma cópia?

コピーは必要ですか？

ヴォセー　ケリーア　マイズ　オートラ　コイザ
Você queria mais outra coisa?

他に何か要りますか？

オ　キ　ヴォセー　ケリーア
O que você queria?

何がよろしいですか？

25 ～されますか？

Você queria ～ ?

基本フレーズ

ヴォセー　ケリーア　デイシャール　ウン　ヘカード
Você queria deixar um recado?
伝言を残されますか？

こんなときに使おう！
電話をかけてきた相手の話したい人が不在のときに…

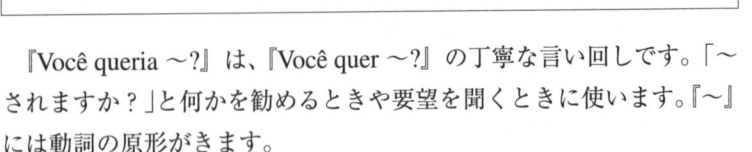

『Você queria ～?』は、『Você quer ～?』の丁寧な言い回しです。「～されますか？」と何かを勧めるときや要望を聞くときに使います。『～』には動詞の原形がきます。

『Você queria ～?』と聞かれたら、『Sim, eu queria.（はい、ぜひ）』『Claro.（もちろん）』『Não, obrigado（a）.（いいえ、結構です）』『Não, não me apetece.（気が乗りません）』などと答えましょう。

基本パターン

Você queria ＋ 動詞の原形 ?

～されますか？／Você queria ～?

基本パターンで言ってみよう!

ヴォセー ケリーア ヴィール コン ア ジェンチ
Você queria vir com a gente?

私たちと一緒にいらっしゃいますか？

ヴォセー ケリーア デスカンサール ウン ポーコ
Você queria descansar um pouco?

少し休まれますか？

ヴォセー ケリーア コメール マイズ アウグマ コイザ
Você queria comer mais alguma coisa?

他に何か召し上がりますか？

オ キ ヴォセー ケリーア ベベール
O que você queria beber?

何をお飲みになりますか？

オ キ ヴォセー ケリーア ファゼール ネスタ ノイチ
O que você queria fazer nesta noite?

今夜は何をしたいですか？

オンジ ヴォセー ケリーア イール アマニャン
Onde você queria ir amanhã?

明日はどこへ行きたいですか？

26 〜するのはどう?

O que você acha de 〜 ?

基本フレーズ

オ キ ヴォセー アシャ ジ イールアオ シネマ
O que você acha de ir ao cinema?
映画に行くのはどう？

こんなときに使おう！
今夜何しようかと話しているときに…

　『O que você acha de 〜?』は、「〜するのはどう（思う）？」と何かを提案するときに使う表現です。『acha』は「（君は）思う」を意味します。

　『〜』には名詞か動詞の原形がきますが、物を提案するときには名詞、動作を提案するときには動詞の原形となります。

　『O que você acha de 〜?』と聞かれたら、『Eu quero.（ぜひ）』『Eu não quero.（いや）』『Tudo bem.（いいよ）』『Boa ideia!（いい案だね！）』『É melhor não fazer isso.（それはやめておいたほうがいいよ）』などと答えましょう。

基本パターン

| O que você acha de | ＋ | 名詞 | ？ |

| O que você acha de | ＋ | 動詞の原形 | ？ |

〜するのはどう？／O que você acha de 〜？

基本パターンで言ってみよう!

O que você acha?
オ キ ヴォセー アシャ

あなたはどう思う？

O que você acha de jantar com ele?
オ キ ヴォセー アシャ ジ ジャンタール コン エーリ

彼と夕食するのはどう？

O que você acha de descansar?
オ キ ヴォセー アシャ ジ デスカンサール

ひと休みするのはどう？

O que você acha de tomar um café?
オ キ ヴォセー アシャ ジ トマール ウン カフェー

コーヒーを飲むのはどう？

O que você acha de fazer isso em outro dia?
オ キ ヴォセー アシャ ジ ファゼール イッソ エン オートロ ジーア

それを他の日にするのはどう？

O que você acha de passar férias no Brasil?
オ キ ヴォセー アシャ ジ パッサール フェリアス ノ ブラジウ

ブラジルで休暇を過ごすのはどう？

27 〜したらどう？

Por que não 〜 ?

基本フレーズ

ポル　キ　ナウン ヴァイ デスカンサール　ウン　ポーコ
Por que não vai descansar um pouco?
少し休憩したらどう？

こんなときに使おう！
疲れた顔をした友人に…

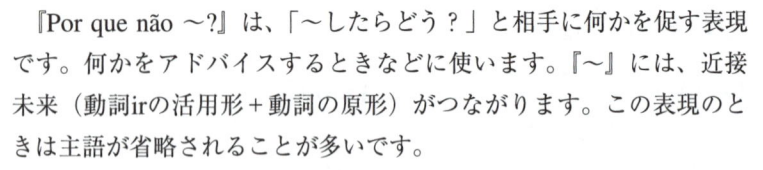

　『Por que não 〜?』は、「〜したらどう？」と相手に何かを促す表現です。何かをアドバイスするときなどに使います。『〜』には、近接未来（動詞irの活用形＋動詞の原形）がつながります。この表現のときは主語が省略されることが多いです。

　『Por que não 〜?』と聞かれたら、『Eu quero.（ぜひ）』『Isso mesmo.（その通りですね）』『Não, assim tudo bem.（いいえ、このままでいいです）』などと答えましょう。

● 基本パターン ●

Por que não ＋ 近接未来 ？

〜したらどう？／Por que não 〜？

基本パターンで言ってみよう!

Por que não vai experimentar?

試してみたらどう？

Por que não vai comer um prato de sushi?

お寿司を食べない？

Por que não vai ter alguns dias de folga?

何日か休暇をとったら？

Por que a gente **não** vai fazer isso no fim de semana?

週末に一緒にそれをやるのはどう？

Por que a gente **não** vai para aquele restaurante bom?

あのおいしいレストランに行かない？

Por que a gente **não** vai passear?

一緒に散歩しない？

28 〜しよう

Vamos 〜

基本 フレーズ

Vamos de carro.
ヴァモス ジ カーホ
車で行こう。

こんなときに使おう！
車か電車で迷っているときに…

『Vamos＋動詞の原形』で「〜しよう」という表現になります。近接未来形（irの活用形＋動詞の原形）ですが、いつもVamosから始まります。

そして「行く」を表現するときに限って、『Vamos ir.』とは言わずに『Vamos.』1語になります。この表現の場合、よく主語が省略されます。

● 基本パターン ●

Vamos ＋ 動詞の原形 .

～しよう／Vamos ～

基本パターンで言ってみよう!

Vamos nos encontrar na escola.
ヴァモス ノス エンコントラール ナ エスコーラ

学校で会いましょう。

Vamos saudar o vizinho.
ヴァモス サウダール オ ヴィジーニョ

お隣さんに挨拶しに行こう。

Vamos fazer direito.
ヴァモス ファゼール ジレイト

きちんとやろう。

Vamos sair.
ヴァモス サイール

出かけよう。

Vamos acabar esse trabalho dentro desta noite.
ヴァモス アカバール エッシ トラバーリョ デントロ デスタ ノイチ

その仕事を今夜中に終わらせよう。

> **ワンポイント** 『dentro de ～』～のうちに　この場合、deとestaが縮約して1語（desta）になっています。

Vamos nos comunicar nos próximos dias.
ヴァモス ノス コムニカール ノス プロッシモス ジーアス

近日中に連絡を取り合いましょう。

Vamos passear?
ヴァモス パシアール

散歩しようか？

> **ワンポイント** 疑問形にすると、相手の気持ちを尊重しながら誘う表現になります。

29 〜じゃないかな

Parece que 〜

基本フレーズ

パレッシ　キ　エーラ　エスター　ナ　エスコーラ
Parece que ela está na escola.
彼女は学校にいるんじゃないかな。

こんなときに使おう！
友達の居場所を聞かれたときに…

『Parece que + 文章 』は、「〜と思われる」と予想や意見を述べるときに使います。

●基本パターン●

Parece que ＋ 文章 .

~じゃないかな／Parece que ~

基本パターンで言ってみよう!

Parece que ele é simpático.
パレッシ キ エーリ エ シンパチコ

彼は感じのいい人のようだよ。

Parece que ele tem razão.
パレッシ キ エーリ テン ハザウン

彼が正しいんじゃないかな。

Parece que ele é boa pessoa.
パレッシ キ エーリ エ ボア ペッソア

彼はいい人なんじゃないかな。

Parece que essa máquina está quebrada.
パレッシ キ エッサ マキナ エスター ケブラーダ

その機械は壊れているんじゃないかな。

Parece que ela vem com a gente.
パレッシ キ エーラ ヴェン コン ア ジェンチ

彼女は僕たちと来るんじゃないかな。

Parece que vai chover.
パレッシ キ ヴァイ ショヴェール

雨が降りそうだ。

30 ～だといいね

Eu espero que ～

基本フレーズ

Eu espero que vá bem.
エウ エスペーロ キ ヴァ ベン

うまくいくといいね。

こんなときに使おう！

試験にのぞむ友達を励ますときに…

『Eu espero que + 動詞の接続法現在形 』は、「～するといいのだけど」と希望を表す表現です。

これまで紹介した動詞は「直説法」といい、ありのままを述べる法です。本書で「接続法」と言わないときは、すべて直説法の動詞のことです。

30課で扱う接続法の動詞は、願望、不確定な事柄を表すときに、『 主語 + 動詞 +que』以下に用いられます。

基本パターン

Eu espero que ＋ 動詞の接続法現在形 .

Eu espero queのあとの動詞の接続法現在形の活用語尾は、以下のようです。

～だといいね／Eu espero que ～

-ar動詞は活用語尾が-e
-er動詞は活用語尾が-a
-ir動詞は活用語尾が-a
不規則動詞は現在形1人称単数形の語尾-oを-aに変えます。
主な例外：serはseja、estarはesteja、irはvá　など。

基本パターンで言ってみよう！

エウ　エスペーロ　キ　エーラ　エステージャ　フェリース
Eu espero que ela esteja feliz.

彼女が幸せだといいな。

エウ　エスペーロ　キ　シン
Eu espero que sim.

そうだといいね。

エウ　エスペーロ　キ　ア　ジェンチ　ポッサ　エンコントラール　オートラ　ヴェス
Eu espero que a gente possa encontrar outra vez.

僕たち、また会えたらいいな。

エウ　エスペーロ　キ　エーラ　シェゲ　セード
Eu espero que ela chegue cedo.

彼女が早く到着するといいな。

エウ　エスペーロ　キ　ヴォセー　フィキ　コンテンチ　コン　オ　メウ　プレゼンチ
Eu espero que você fique contente com o meu presente.

私のプレゼントを喜んでくれるといいな。

31 以前は〜だったよ

Antigamente + 主語 + 動詞の半過去形

基本フレーズ

Antigamente eu fumava.
アンチガメンチ エウ フマーヴァ

以前はタバコを吸っていたよ。

こんなときに使おう！
「たばこは吸う？」と聞かれて…

本書の8課で扱った半過去形は「〜していた」を表しました。ここでは『Antigamente（以前は）』から始めて、「以前は〜していた（ものだった）」と、過去の習慣を表現します。「今は違うけど、以前は〜だった」という意味が強いです。

基本パターン

Antigamente ＋ 主語 ＋ 動詞の半過去形 ．

以前は〜だったよ／Antigamente＋主語＋動詞の半過去形

基本パターンで言ってみよう！

Antigamente ele bebia muito.
（アンチガメンチ　エーリ　ベビア　ムイント）
以前は、彼はたくさん飲んでいたよ。

Antigamente eu comia muita carne.
（アンチガメンチ　エウ　コミア　ムインタ　カルニ）
以前は、たくさん肉を食べていました。

Antigamente eu levava duas horas para ir ao trabalho.
（アンチガメンチ　エウ　レヴァーヴァ　ドゥアス　オーラス　パラ　イールアオ　トラバーリョ）
以前は、仕事に行くのに2時間かかっていました。

Antigamente eu morava em São Paulo.
（アンチガメンチ　エウ　モラーヴァ　エン　サウン　パウロ）
以前は、サンパウロに住んでいました。

Antigamente eu gostava dele.
（アンチガメンチ　エウ　ゴスターヴァ　デーリ）
以前は、彼のことが好きでした。

(ワンポイント)『dele』＝『de＋ele』

これも知っておこう！

『antigamente』の代わりに『antes』も使われます。

32 〜させて

Me deixe 〜

基本フレーズ

Me deixe fazer.
ミ デイシ ファゼール

私にやらせて。

こんなときに使おう！
困っている相手に…

『Me deixe + 動詞の原形 』は、「〜させてください」という表現です。

ブラジルの標準口語（文法書に沿ったことばの話し方）、ポルトガルでは『Deixe-me 〜』の語順ですが、ブラジルの常用口語（日常での話しことば）では『Me deixe 〜』の語順です。

この言い回しは「〜させてもらえますか？」と相手の意向を聞くというよりは「〜させて」という一方的なニュアンスがあります。

基本パターン

Me deixe ＋ 動詞の原形 .

～させて／Me deixe ～

基本パターンで言ってみよう!

Me deixe acabar o meu trabalho.
ミ デイシ アカバール オ メウ トラバーリョ
自分の仕事を終えさせて。

Me deixe falar com ele.
ミ デイシ ファラール コン エーリ
彼と話させて。

Me deixe ir.
ミ デイシ イール
行かせて。

Me deixe estar.
ミ デイシ エスタール
放っておいて。

Me deixe dizer.
ミ デイシ ジゼール
言わせて。

Me deixe ver isso.
ミ デイシ ヴェール イッソ
それを見せて。

Me deixe experimentar isso.
ミ デイシ エスペリメンタール イッソ
それを試させて。

33 ～をありがとう

Obrigado(a) por ～

基本フレーズ

Obrigado pelo presente!
オブリガード　ペロ　プレゼンチ
プレゼントをありがとう！

こんなときに使おう！
誕生日にプレゼントをもらって…

『Obrigado(a) por ～』は、「～をありがとう」という表現です。

この表現のあとに名詞が続く場合は、名詞につく定冠詞と縮約してporが『pelo, pela, pelos, pelas』となりますが、動詞の原形が続く場合は、porのままです。

Obrigado(a).の前にMuitoをつけると、『Muito obrigado(a).』で「本当にありがとう」という意味になります。

基本パターン

Obrigado(a) por ＋ 名詞 .

Obrigado(a) por ＋ 動詞の原形 .

～をありがとう／Obrigado(a) por ～

基本パターンで言ってみよう!

Obrigado(a) pelo e-mail.
メールをありがとう。

Obrigado(a) pela gentileza.
親切にしてくれてありがとう。

Obrigado(a) por telefonar.
電話してくれてありがとう。

Obrigado(a) por pagar a conta.
お勘定を支払ってくれてありがとう。

Obrigado(a) pelo conselho adequado.
適切なアドバイスをありがとう。

Obrigado(a) por tudo.
とにかくいろいろありがとう。

34 ～してごめんね

Desculpe por ～

基本フレーズ

Desculpe por demorar.
デスクウペ　ポル　デモラール
遅れてごめんね。

こんなときに使おう！
待ち合わせ時間に遅れたときに…

『Desculpe por ～』は、「～してごめんね」という表現です。

語尾が -aで終わって『Desculpa por ～』という表現もありますが、この語尾が -eで終わる『Desculpe por ～』のほうがより丁寧です。

動詞が続けば、動詞の原形です。名詞が続くとporと名詞につく定冠詞が縮約してpelo, pela, pelos, pelasとなります。

『Desculpe por』のあとに『não』が続くと、「～しなくてごめんね」になります。

『Desculpe por ～』と謝られたときは、『Não tem problema.（いいんですよ）』などと言いましょう。

●基本パターン●

Desculpe por ＋ 動詞の原形 .

Desculpe por ＋ 名詞 .

～してごめんね／Desculpe por ～

基本パターンで言ってみよう！

Desculpe por incomodar.
（デスクウピ ポル インコモダール）
おじゃましてすみません。

Desculpe por não ser útil.
（デスクウピ ポル ナウン セール ウチウ）
役に立てなくてごめんね。

Desculpe por não dizer antecipadamente.
（デスクウピ ポル ナウン ジゼール アンテシパダメンチ）
前もって言わなくてごめんね。

Desculpe pelo engano.
（デスクウピ ペロ エンガーノ）
間違えてごめんね。

（ワンポイント）間違い電話をしてしまったときなど

これも知っておこう！

「もし～ならごめんなさい」と言うときは、『Desculpe se ～』となります。

Desculpe se não gostar.
（デスクウピ シ ナウン ゴスタール）
気に入らなかったらごめんなさい。

Desculpe se eu feri os sentimentos.
（デスクウピ シ エウ フェリ オス センチメントス）
傷つけてしまったならごめんなさい。

35 〜じゃない？

Não é 〜 ?

基本フレーズ

Não é tarde demais?
ナウン エ タルジ ジマイス

遅すぎない？

こんなときに使おう！

夜遅くに誰かにスカイプや電話かけようとしている相手に…

『Não é 〜?』は、「〜じゃない？」という表現です。『〜』には形容詞がきます。

『Não é 〜?』と聞かれたら、『Sim.（そうです）』『Não.（いいえ）』『Não, tudo bem.（いや、大丈夫だよ）』などと答えましょう。

例文にある『demais』は「あまりにも〜すぎ」という意味です。

●基本パターン●

Não é ＋ 形容詞 ?

~じゃない？／Não é ~?

基本パターンで言ってみよう！

Não é interessante?
ナウン エ インテレサンチ

おもしろくない？

Não é gratuito?
ナウン エ グラトゥイート

ただじゃないの？

Não é caro demais?
ナウン エ カーロ ジマイス

高すぎない？

Não é barato?
ナウン エ バラート

安くない？

Não é perigoso?
ナウン エ ペリゴーゾ

危なくない？

Não é bonita demais?
ナウン エ ボニータ ジマイス

美しすぎない？

Não é difícil?
ナウン エ ジフィーシウ

難しくない？

Não é fácil?
ナウン エ ファーシウ

簡単じゃない？

36 そんなに～じゃないよ

Não é tão ～

基本フレーズ

Não é tão difícil.
ナウン エ タウン ジフィーシウ
そんなに難しいことじゃないよ。

こんなときに使おう！
相手を励ますときに…

『Não é tão ＋ 形容詞 』は、「そんなに～じゃない」という表現です。

『Ele não é tão antipático.（彼はそんなに無愛想じゃないよ）』など、主語をつけて言うこともできます。

●基本パターン●

Não é tão ＋ 形容詞 .

そんなに〜じゃないよ／Não é tão 〜

😊 基本パターンで言ってみよう!

ナウン エ タウン ファーシウ
Não é tão fácil.
そんなに簡単じゃないよ。

ナウン エ タウン ジフィーシウ
Não é tão difícil.
そんなに難しくないよ。

ナウン エ タウン　エコノーミコ
Não é tão econômico.
そんなに安上がりじゃないよ。

ナウン エ タウン　ロンジ
Não é tão longe.
そんなに遠くないよ。

応 用

『Não é tão 〜』のフレーズの後に、『como você acha（あなたが思うほど）』を付け加えると、「あなたが思っているほど〜じゃない」という表現になります。

ナウン エ タウン カーロ　コモ　ヴォセー　アシャ
Não é tão caro como você acha.
あなたが思っているほど、高くはないよ。

ナウン エ タウン エストラーニョ　コモ　ヴォセー　アシャ
Não é tão estranho como você acha.
あなたが思っているほど、変じゃないよ。

37 とても〜だよ

É muito 〜

基本フレーズ

エ ムイント グランジ
É muito grande.
とても大きいよ。

こんなときに使おう！
お店で服のサイズを選んでいるときに…

『É muito + 形容詞 』は、「とても〜です」という表現です。

『Essa camisa é muito grande.（このシャツはとても大きいよ）』などと、主語をつけて言うこともできます。

基本パターン

É muito ＋ 形容詞 .

とても〜だよ／É muito 〜

基本パターンで言ってみよう!

エ ムイント
É muito.

多いよ。

エ ムイント ペケーノ
É muito pequeno.

とても小さいよ。

エ ムイント カーロ
É muito caro.

とても高いよ。

エ ムイント ジフィーシウ パラ ア ジェンチ
É muito difícil para a gente.

私たちには、とても難しいよ。

ワンポイント 『para a gente』私たちには

エ ムイント ペザード パラ ミン
É muito pesado para mim.

私にはとても重いよ。

ワンポイント 『para mim』私（僕）には

エッシ プラート エ ムイント ゴストーゾ
Esse prato é muito gostoso.

その料理はとてもおいしいよ。

38 あなたは(君は)〜しないの?

Você não ＋ 動詞の現在形 ?

基本フレーズ

Você não consegue?
ヴォセー　ナウン　コンセーギ

できないの？

こんなときに使おう！

パソコンの操作でとまどっている相手に…

『Você não ＋ 動詞の現在形 ?』は、「あなたは(君は)〜しないの？」という表現です。

『Você não 〜?』と聞かれて、「〜しないよ」というときは『Não.（いいえ）』、「〜するよ」というときは『Sim.（はい）』などと答えます。

基本パターン

Você não ＋ 動詞の現在形 ?

あなたは（君は）〜しないの？／Você não＋動詞の現在形？

基本パターンで言ってみよう!

ヴォセー ナウン エンテンヂ
Você não entende?

わからないの？

ヴォセー ナウン ケール ファゼール
Você não quer fazer?

やりたくないの？

ヴォセー ナウン シ レンブラ
Você não se lembra?

覚えてないの？

ワンポイント 『se lembra』（君は）覚えている

ヴォセー ナウン ヴァイ パラ ア エスコーラ オージ
Você não vai para a escola hoje?

今日は学校に行かないの？

応 用

『Você já não ＋ 動詞の現在形 ？』で「もう〜しないの？」という表現になります。『já』は「もう」という意味です。

ヴォセー ジャ ナウン コーミ
Você já não come?

もう食べないの？

ヴォセー ジャ ナウン ヴィーヴィ コン エーリ
Você já não vive com ele?

もう彼と暮らしてないの？

39 あなたは（君は）〜しなかったの？

Você não ＋ 動詞の過去形 ？

基本フレーズ

ヴォセー　ナウン　トモー　カフェ　ダ　マニャン
Você não tomou café da manhã?
朝ごはんを食べなかったの？

こんなときに使おう！
朝から元気がない友人に…

『Você não ＋ 動詞の過去形 ?』は、「あなたは（君は）〜しなかったの？」という表現です。

『Você não 〜?』と聞かれて、「〜したよ」というときは『Sim.(はい)』、「〜しなかったよ」と言うときは『Não.(いいえ)』などと答えます。

●基本パターン●

Você não ＋ 動詞の過去形 ？

あなたは(君は)〜しなかったの？／Você não＋動詞の過去形？

基本パターンで言ってみよう!

ヴォセー ナウン フォイ パラ ア ファブリカ
Você não foi para a fábrica?

工場に行かなかったの？

ヴォセー ナウン ドルミウ ベン オンテン
Você não dormiu bem ontem?

昨日よく眠らなかったの？

ヴォセー ナウン フェス ヘゼルヴァ ド アヴィアウン
Você não fez reserva do avião?

飛行機の予約をしなかったの？

ヴォセー ナウン ジッシ ナーダ パラ エーリ
Você não disse nada para ele?

彼に何も言わなかったの？

応用

『Você ainda não + 動詞の過去形 ?』で、「まだ〜しなかったの？」という表現になります。『ainda』は「まだ」という意味です。

ヴォセー アインダ ナウン フェス コンプラス
Você ainda não fez compras?

まだ買い物をしてないの？

ヴォセー アインダ ナウン アカボー イッソ
Você ainda não acabou isso?

まだそれを終えてないの？

40 ～かもしれない

(主語＋) pode ～

基本フレーズ

ヴォセー ポジ プレシザール ジ ウン グアルダ シュヴァ
Você pode precisar de um guarda-chuva.
傘が必要かもしれないよ。

こんなときに使おう!
出かける間際、雨が降りそうなときに…

『Pode ＋ 動詞の原形 』は、「～かもしれない」と推測する表現で、確信が持てないときに使います。

可能性などを表す動詞『poder』は、主語にしたがってposso, pode, podemos, podemと活用します。

●基本パターン●

(主語) ＋ poderの活用形 ＋ 動詞の原形 .

～かもしれない／(主語＋)pode ～

基本パターンで言ってみよう!

Isso pode ser verdade.
イッソ ポジ セール ヴェルダージ

それは本当かもしれないよ。

Pode ser divertido.
ポジ セール ジヴェルチード

楽しいかもしれないよ。

Eu posso esperar até amanhã.
エウ ポッソ エスペラール アテ アマニャン

私は明日まで待てるかもしれない。

Você pode ter conhecimento dele.
ヴォセー ポジ テール コニェシメント デーリ

君は彼を知っているかもしれないよ。

> ワンポイント 『ter conhecimento de ～』～の面識がある

Eles podem estar livres no domingo.
エーリス ポデン エスタール リヴリス ノ ドミンゴ

彼らは日曜日は空いているかもしれないよ。

Pode chover amanhã.
ポジ ショヴェール アマニャン

明日は雨が降るかもしれない。

> ワンポイント 自然現象を表す動詞は主語なしの3人称単数の活用です。この場合は助動詞poderにつながっているので、動詞chover（雨が降る）は原形ですが、poderが3人称単数になっています。

41 ～すべきだよ

(主語+) deve ～

基本フレーズ♪

ヴォセー デヴィ ファゼール エスポルチ
Você deve fazer esporte.
運動したほうがいいよ。

こんなときに使おう！
「体力がなくて…」という友人に…

『Você deve ＋ 動詞の原形』は、「君は～すべきだ」という表現です。人に何かを勧めるときや、アドバイスをするときに使います。

『deve』の原形はdeverです。活用は、主語にしたがってdevo, deve, devemos, devemです。このdeverは、次の42課の「～のはず」の2通りの意味があるので、会話の前後で文脈で判断しましょう。

基本パターン

(主語) ＋ deverの活用形 ＋ 動詞の原形 .

基本パターンで言ってみよう！

ヴォセー デヴィ エスペリメンタール ウーマ ヴェス
Você deve experimentar uma vez.
一度、試すべきだよ。

~すべきだよ／(主語＋)deve ~

ヴォセー デヴィ ドルミール マイス セード
Você deve dormir mais cedo.

もっと早く寝るべきだよ。

ア ジェンチ デヴィ ジスクチール ソブリ オ アスント
A gente deve discutir sobre o assunto.

僕たち、その件について議論するべきだよ。

エウ デヴォ ダール ウン コンセーリョ パラ ヴォセー
Eu devo dar um conselho para você.

私は、君にアドバイスをしなくちゃ。

ワンポイント 『para você（君に対して）』は、親しい人に対しては『para ti』とも言います。

応用

動詞deverの前に『não』をつけると、「～すべきではない」「～してはいけない」を表現できます。

ヴォセー ナウン デヴィ ベベール アキー
Você não deve beber aqui.

ここで飲んではいけません。

ヴォセー ナウン デヴィ ファラール アウト
Você não deve falar alto.

大声で話してはいけません。

ワンポイント 『falar alto』大声で話す

42 〜するはずだよ

(主語＋) deverá 〜

基本フレーズ

エーリ　デヴェラー　シェガール　エン　デス　ミヌトス
Ele deverá chegar em dez minutos.
彼はあと10分くらいで到着するはずだよ。

こんなときに使おう！
待ち合わせ時間に遅れる友人のメール伝言を伝えるときに…

『Deverá＋動詞の原形』は、「〜のはずだ」という表現です。

『Deverá』の原形はdeverで、41課の「すべき」と同じ動詞です。41課と同じようにそのまま現在形の活用でも表現できますが、こちらの42課では未来形の活用をして「〜だろう」のニュアンスまでも含むものを紹介します。

活用は、主語にしたがってdeverei, deverá, deveremos, deverãoとなります。

基本パターン

(主語) ＋ deverの活用形 ＋ 動詞の原形 .

～するはずだよ／(主語＋)deverá～

基本パターンで言ってみよう!

Deverá fazer sucesso.
デヴェラー ファゼール スセッソ

成功するはずだよ。

Você deverá ser mais paciente.
ヴォセー デヴェラー セール マイス パシエンチ

もっと我慢強くしてなくちゃ。

Ela deverá estar presente hoje.
エーラ デヴェラー エスタール プレゼンチ オージ

彼女は今日出席しているはずだよ。

ワンポイント 『presente（出席した）』の反対語は『ausente（欠席した）』

Ele deverá estar contente com o resultado.
エーリ デヴェラー エスタール コンテンチ コン オ ヘズウタード

彼は結果に満足するはずだよ。

Ele deverá retornar de Belo Horizonte hoje à noite.
エーリ デヴェラー ヘトルナール ジ ベロ オリゾンチ オージ ア ノイチ

彼はベロ・オリゾンテから今夜戻るはずだよ。

Um pacote deverá chegar brevemente.
ウン パコチ デヴェラー シェガール ブレヴィメンチ

小包がまもなく届くはずです。

ワンポイント 『brevemente』まもなく、すぐに

43 ～するはずでした

(主語 +) deveria ～

基本フレーズ

エウ　デヴェリーア　シェガール　ネッサ　オーラ
Eu deveria chegar nessa hora.
僕は、この時間には着いているはずだったよ。

こんなときに使おう！
乗っている電車が大幅に遅れたときに…

『Eu deveria + 動詞の原形』は、「～するはずでした」という表現です。

『deveria』の原形はdeverです。『deveria』は過去未来形と呼ばれ、主語にしたがってderia, deveria, deveríamos, deveriamと活用します。

基本パターン

（主語）　＋　deverの過去未来形　＋　動詞の原形 .

基本パターンで言ってみよう！

エウ　デヴェリーア　ヘトルナール　パラ　トキョウ　オンテン
Eu deveria retornar para Tokyo ontem.
昨日、東京に帰るはずだった。

～するはずでした／(主語＋)deveria ～

Eu deveria encontrar às três horas.
<ruby>エウ デヴェリーア エンコントラール アス トレス オーラス</ruby>

3時に会うはずだった。

Eu deveria telefonar hoje, mas eu não telefonei.
<ruby>エウ デヴェリーア テレフォナール オージ マス エウ ナウン テレフォネイ</ruby>

今日電話するはずだったけど、しなかったわ。

Eu deveria acabar o trabalho até as seis horas.
<ruby>エウ デヴェリーア アカバール オ トラバーリョ アテ アス セイス オーラス</ruby>

6時までに仕事を終えるはずだったけど。

O meu colega deveria estar no escritório durante esta manhã.
<ruby>オ メウ コレーガ デヴェリーア エスタール ノ エスクリトリオ ドゥランチ エスタ マニャン</ruby>

私の同僚は午前中は事務所にいるはずでした。

⚠ これも知っておこう!

『Eu deveria ＋ 動詞の原形 (～するはずだった)』の形は、ニュアンスが少し違いますが「私は～したかったんだけど」という表現『Eu queria＋動詞の原形』でも表せます。

Ele queria fazer qualquer coisa para ela.
<ruby>エーリ ケリーア ファゼール クアウケール コイザ パラ エーラ</ruby>

彼は、彼女のためなら何でもやりたかったのよ。

ワンポイント 『qualquer coisa』いろいろなこと

44 〜すればよかった

Seria melhor 〜

基本フレーズ 🎵

セリーア メリョール セギール オ セウ コンセーリョ
Seria melhor seguir o seu conselho.
君のアドバイスにしたがえばよかったよ。

こんなときに使おう！
アドバイスを聞かなかったためにミスをしてしまったときに…

『Seria melhor + 動詞の原形 』は、「〜すればよかった」「〜したほうがよかった」という表現（過去の推量）です。『seria』はserの過去未来形です。

● 基本パターン ●

Seria melhor ＋ 動詞の原形 .

〜すればよかった／Seria melhor 〜

基本パターンで言ってみよう!

<ruby>Seria<rt>セリーア</rt></ruby> <ruby>melhor<rt>メリョール</rt></ruby> <ruby>explicar<rt>エスプリカール</rt></ruby> <ruby>bem<rt>ベン</rt></ruby>.

ちゃんと説明すればよかった。

<ruby>Seria<rt>セリーア</rt></ruby> <ruby>melhor<rt>メリョール</rt></ruby> <ruby>aceitar<rt>アセイタール</rt></ruby> <ruby>o<rt>オ</rt></ruby> <ruby>convite<rt>コンヴィチ</rt></ruby>.

招待を受けておけばよかった。

<ruby>Seria<rt>セリーア</rt></ruby> <ruby>melhor<rt>メリョール</rt></ruby> <ruby>recusar<rt>ヘクザール</rt></ruby> <ruby>a<rt>ア</rt></ruby> <ruby>proposta<rt>プロポスタ</rt></ruby>.

提案を拒否すればよかった。

<ruby>Seria<rt>セリーア</rt></ruby> <ruby>melhor<rt>メリョール</rt></ruby> <ruby>ajudar<rt>アジュダール</rt></ruby>.

助ければよかった。

<ruby>Seria<rt>セリーア</rt></ruby> <ruby>melhor<rt>メリョール</rt></ruby> <ruby>dizer<rt>ジゼール</rt></ruby> <ruby>para<rt>パラ</rt></ruby> <ruby>a<rt>ア</rt></ruby> <ruby>gente<rt>ジェンチ</rt></ruby>.

僕たちに言ってくれればよかったのに。

これも知っておこう!

「〜したほうがいい」と現在を表す場合は、『É melhor + 動詞の原形 』となります。ポルトガル語に慣れてきた学習者は『Seria』と『É』を入れ替えながら練習してみてください。

<ruby>É<rt>エ</rt></ruby> <ruby>melhor<rt>メリョール</rt></ruby> <ruby>descansar<rt>デスカンサール</rt></ruby> <ruby>em<rt>エン</rt></ruby> <ruby>casa<rt>カーザ</rt></ruby>.

家で休んだほうがいい。

45 ～のはずがない

Não pode ～

基本フレーズ

Não pode ser verdade.
ナウン　ポジ　セール　ヴェルダージ

本当のはずがないよ。

こんなときに使おう！
テレビで信じられない映像を観て…

『Não pode + 動詞の原形 』は、「～のはずがない」という表現です。「（彼は）～できない」という意味もあるので、文脈からどちらの意味なのかを判断する必要がありましょう。

●基本パターン●

Não pode ＋ 動詞の原形 .

〜のはずがない／Não pode 〜

基本パターンで言ってみよう!

ナウン　ポジ　セール　ムイント　ジフィーシウ
Não pode ser muito difícil.

そんなに難しいはずがないよ。

ナウン　ポジ　セール　ムイント　ロンジ
Não pode ser muito longe.

そんなに遠いはずがないよ。

ナウン　ポジ　セール　ゴストーゾ
Não pode ser gostoso.

おいしいはずがないよ。

エーリ ナウン　ポジ　セール　ジャポネース
Ele **não pode** ser japonês.

彼が日本人のはずがないよ。

エーリ ナウン　ポジ　テール ヴィンチ アーノス
Ele **não pode** ter vinte anos.

彼が20歳のはずがないよ。

エーリ ナウン　ポジ　テール　　コニュシメント　　ジ　ミン
Ele **não pode** ter conhecimento de mim.

彼が私を知っているはずがないよ。

ワンポイント deのあとに「私」がくるときは、『eu』ではなくて『mim』となります。

46 〜に違いない

Deve ser 〜

基本フレーズ

Deve ser brasileiro.
デヴィ　セール　ブラジレイロ
ブラジル人に違いないよ。

こんなときに使おう！
パーティーでブラジル人らしき人を見つけて…

『Deve ser 〜』は、「〜に違いない」と推測する表現です。『〜』には名詞または性質を表す形容詞がきます。主語が省略されることがよくあります。

● 基本パターン ●

Deve ser ＋ 名詞・形容詞 .

～に違いない／Deve ser ～

😊 基本パターンで言ってみよう!

Deve ser Daniel.
ダニエルに違いない。

Deve ser um erro.
間違っているに違いない。

Deve ser pesado.
重いに違いない。

Deve ser simpática.
彼女は感じがいい人に違いない。

⚠ これも知っておこう!

一時的状況を表す形容詞をつなげるときは『Deve estar ～』になります。

Deve estar contente.
喜んでいるに違いない。

47 〜をお願いします

〜, por favor.

基本フレーズ

Uma água sem gás, por favor.
ウーマ アグア セン ガス ポル ファヴォール
炭酸なしの水をお願いします。

こんなときに使おう！
食事の席で…

『〜, por favor』は、名詞を入れて「〜をお願いします」という表現です。文章の最後ではなく、最初に『Por favor, 〜』と言うこともできます。

● 基本パターン ●

　　　　　名詞 , por favor .

これも知っておこう！

ポルトガルでは『por favor』よりも『faz favor』をよく使います。

基本パターンで言ってみよう！

O passaporte, por favor.
オ パサポルチ ポル ファヴォール
パスポートをお願いします。

〜をお願いします／〜, por favor.

O cardápio, por favor.
オ カルダピオ　ポル ファヴォール

メニューをお願いします。

> **ワンポイント** ブラジル以外のポルトガル、アンゴラ、モザンビークなどでは「メニュー」は『ementa』と言います。

A conta, por favor.
ア コンタ　ポル ファヴォール

お勘定をお願いします。

Mais uma vez, por favor.
マイズ ウーマ ヴェス　ポル ファヴォール

もう一度お願いします。

⚠️ これも知っておこう!

30課で紹介した動詞の接続法現在形を使って『〜, por favor』をつなげると、丁寧な命令になります。

Espere um momento, por favor.
エスペリ ウン モメント　ポル ファヴォール

少々お待ちください。

Fale mais devagar, por favor.
ファリ マイス デヴァガール　ポル ファヴォール

もっとゆっくり話してください。

Chame Patrícia, por favor.
シャミ パトリシア　ポル ファヴォール

パトリシアを呼んでください。

48 ～しないで

Não ＋ 動詞の接続法現在形

基本フレーズ

Não diga para ninguém.
ナウン ジガ パラ ニンゲン

誰にも言わないでね。

こんなときに使おう!
内緒の話をするときに…

『Não ＋ 動詞の接続法現在形 』は、「～しないで」という表現です。丁寧な言い方です。

動詞の接続法現在形は30課と47課（これも知っておこう！）で紹介しました。『diga』の原形は『dizer』です。

基本パターン

Não ＋ 動詞の接続法現在形 .

〜しないで／Não＋動詞の接続法現在形

基本パターンで言ってみよう!

Não chore.
ナウン ショーリ

泣かないで。

Não se zangue.
ナウン シ ザンギ

怒らないで。

Não faça isso.
ナウン ファッサ イッソ

そんなことしないで。

Não seja tímido.
ナウン セジャ チミド

恥ずかしがらないで。

Não chegue atrasado.
ナウン シェギ アトラザード

遅れないで。

Não leve muito tempo.
ナウン レーヴィ ムイント テンポ

時間をかけないで。

これも知っておこう!

親しい相手に対しては、動詞の現在形の3人称単数（Não diz para ninguém.）や近接未来3人称単数（Não vai dizer para ninguém.）でも使われます。

49 ～してもいい?

Eu posso ～ ?

基本フレーズ

Eu posso telefonar às três horas?
エウ　ポッソ　テレフォナール　アス トゥレス　オーラス
3時に電話してもいい?

こんなときに使おう!
あとで電話することを知らせるときに…

　『Eu posso + 動詞の原形 ?』は、「私は～してもいい?」と許可を求める表現です。主語『Eu』は、会話では省略されることがよくあります。

　「OK」のときには『Sim, pode.（はい、いいですよ）』『Sim, por favor.（はい、どうぞ）』のほかにブラジル人がよく言うのが『Claro!（もちろん）』です。だめなときは『Não pode.（だめです）』などと答えます。

●基本パターン●

Eu posso ＋ 動詞の原形 ?

〜してもいい？／Eu posso 〜 ?

基本パターンで言ってみよう!

Eu posso usar isso?
エウ　ポッソ　ウザール　イッソ

それを使ってもいい？

Eu posso ajudar?
エウ　ポッソ　アジュダール

手伝っていい？

Eu posso entrar?
エウ　ポッソ　エントラール

入ってもいい？

Eu posso perguntar uma coisa?
エウ　ポッソ　ペルグンタール　ウーマ　コイザ

一つ聞いてもいい？

Eu posso alterar a reserva?
エウ　ポッソ　アウテラール　ア　ヘゼルヴァ

予約を変更してもいいですか？

Eu posso pedir um empréstimo?
エウ　ポッソ　ペジール　ウン　エンプレスチモ

借りてもいいですか？

50 ～してもよろしいですか?

Eu poderia ～?

基本フレーズ

エウ ポデリーア テール オ セウ エンデレッソ ジ イー メイユ
Eu poderia ter o seu endereço de e-mail?
メールアドレスをうかがってもよろしいですか?

こんなときに使おう!
目上の人に連絡先を聞きたいときに…

『Eu poderia + 動詞の原形 』は、「私は～してもよろしいですか」と非常に丁寧に許可を求める表現です。

「OK」のときには『Por favor.（どうぞ）』『Sim, claro.（はい、もちろん）』などと答えます。だめなときは『Não pode.』などと答えます。実際の会話では主語が省略されることが多くあります。

基本パターン

Eu poderia + 動詞の原形 ?

～してもよろしいですか？／Eu poderia ～?

基本パターンで言ってみよう!

Eu poderia entrar?
エウ ポデリーア エントラール

入ってもよろしいでしょうか？

Eu poderia acompanhar?
エウ ポデリーア アコンパニャール

ご一緒してもよろしいでしょうか？

Eu poderia perguntar o seu nome?
エウ ポデリーア ペルグンタール オ セウ ノーミ

お名前をうかがってもよろしいでしょうか？

> **ワンポイント** 『seu nome』 あなたの名前

Eu poderia abrir a janela?
エウ ポデリーア アブリール ア ジャネーラ

窓を開けてもよろしいでしょうか？

Eu poderia decidir?
エウ ポデリーア デシジール

私が決めてもよろしいでしょうか？

Eu poderia ligar?
エウ ポデリーア リガール

スイッチを入れてもよろしいでしょうか？

51 〜してもらえない？

Você pode 〜 ?

基本フレーズ

Você pode ajudar?
ヴォセー　ポジ　アジュダール

助けてもらえない？

こんなときに使おう！

荷物が重すぎて持てないときに…

『Você pode + 動詞の原形 ?』は、「〜してもらえない？」という表現です。主語の『Você』（あなた、君）がよく省略されることがあります。

「OK」のときには、『Tudo bem.（いいですよ）』『É claro.（当然、もちろん）』『Posso.（できますよ）』などと答えます。だめなときには『Não posso.（できません）』などと答えます。

丁寧に頼むときは次の52課の『Você poderia 〜?』と言いましょう。

基本パターン

Você pode ＋ 動詞の原形 ?

～してもらえない？／Você pode ～？

基本パターンで言ってみよう!

Você pode repetir?
ヴォセー ポジ ヘペチール

もう一度言ってもらえませんか？

Você pode ficar calado?
ヴォセー ポジ フィカール カラード

黙っていてもらえない？

Você pode ir no lugar de João?
ヴォセー ポジ イール ノ ルガール ジ ジョアン

ジョアンの代わりに行ってもらえる？

> **ワンポイント**　『no lugar de ～』～の代わりに
> 「私の代わりに」は『no meu lugar』

Você pode falar com o professor?
ヴォセー ポジ ファラール コン オ プロフェソール

先生と話してもらえる？

Você pode me ajudar?
ヴォセー ポジ ミ アジュダール

私を助けてもらえない？

> **ワンポイント**　『me』私を

Você pode me dizer o que aconteceu?
ヴォセー ポジ ミ ジゼール オ キ アコンテセウ

起こったことを話してもらえない？

> **ワンポイント**　『o que aconteceu』起こったこと　『me』私に

52 ～していただけませんか？

Você poderia ～ ?

基本フレーズ

Você poderia repetir?
ヴォセー　ポデリーア　ヘペチール
もう一度言っていただけませんか？

こんなときに使おう！
相手の言うことが聴き取れなかったときに…

『Você poderia ＋ 動詞の原形 ?』は、「～していただけませんか？」と丁寧に依頼する表現です。51課よりもとても丁寧になります。主語の『Você』（あなた、君）が省略されることがよくあります。

答え方は51課と同じでよいですが、その他のヴァラエティーとして、「OK」のときは『Com muito prazer.（喜んで）』、だめなときは、『Desculpe, mas não posso.（申し訳ないのですが、できません）』などと答えます。

●基本パターン●

Você poderia ＋ 動詞の原形 ?

～していただけませんか？／Você poderia ～？

😊 基本パターンで言ってみよう!

ヴォセー　ポデリーア　エスペラール　ウン　ポーコ
Você poderia esperar um pouco?

ちょっと待っていただけませんか？

ヴォセー　ポデリーア　ジリジール　マイス　デヴァガール
Você poderia dirigir mais devagar?

もっとゆっくり運転していただけませんか？

ヴォセー　ポデリーア　ヴィール　コミーゴ
Você poderia vir comigo?

一緒に来ていただけませんか？

ヴォセー　ポデリーア　ファラール　マイズ　アウト
Você poderia falar mais alto?

もっと大きな声で話していただけませんか？

ヴォセー　ポデリーア　ミ　エンシナール　オ　カミーニョ
Você poderia me ensinar o caminho?

私に道を教えていただけませんか？

ヴォセー　ポデリーア　ジゼール　オンジ　ア　ジェンチ　エスター　アゴラ
Você poderia dizer onde a gente está agora?

（地図を見て）私たちがどこにいるか、教えていただけませんか？

53 ～が必要です

Eu preciso de ～

基本フレーズ

Eu preciso de ajuda.
エウ プレシゾ ジ アジュダ
助けが必要です。

こんなときに使おう!
誰かに相談したいときに…

『Eu preciso ～』は、「私は～が必要だ」という表現です。

『～』が物の場合は名詞がくるので、そのときは『Eu preciso de + 名詞 』となります。

ところが、次の54課で紹介しますが、『～』が動詞の場合は動詞の原形がきますので、その場合はdeなしの『Eu preciso + 動詞の原形 』となります。

『preciso』の原形はprecisarで、主語にしたがってpreciso, precisa, precisamos, precisamと活用します。

●基本パターン●

（主語） ＋ precisarの活用形 ＋ de ＋ 名詞 .

~が必要です／Eu preciso de ~

基本パターンで言ってみよう!

Eu preciso do seu apoio.
あなたの支援が必要です。

Eu preciso da chave.
カギが必要です。

Eu preciso do número de telefone dela.
彼女の電話番号が必要です。

Eu preciso de um computador.
パソコンが必要です。

Você precisa de um descanso.
君は休息が必要だ。

A gente precisa de um dicionário eletrônico.
僕たちは電子辞書が必要だ。

ワンポイント 『dicionário eletrônico』電子辞書

54 ～する必要があります

Você precisa ～

基本フレーズ ♪

Você precisa comer logo.
ヴォセー プレシザ コメール ロゴ

すぐに食べたほうがいいよ。

こんなときに使おう！
宅配ピザが届いたときに…

『Você precisa ＋ 動詞の原形 』で、「君は～する必要がある」という表現です。動詞の原形は53課と同じprecisarです。

主語にしたがってpreciso, precisa, precisamos, precisamと活用します。

● 基本パターン ●

Você precisa ＋ 動詞の原形 .

~する必要があります／Você precisa ~

基本パターンで言ってみよう!

Você precisa entender melhor.
ヴォセー プレシザ エンテンデール メリョール

もっとよく理解する必要があるよ。

Você precisa telefonar para confirmar.
ヴォセー プレシザ テレフォナール パラ コンフィルマール

確認のために電話する必要があるよ。

Você precisa fazer isso logo.
ヴォセー プレシザ ファゼール イッソ ロゴ

それをすぐにやる必要があるよ。

Você precisa saber o preço.
ヴォセー プレシザ サベール オ プレッソ

値段を知っておく必要があるよ。

Eu preciso ir às compras.
エウ プレシゾ イールアス コンプラス

私、買い物に行く必要があるわ。

A gente precisa pagar pelo menos um mês antes.
ア ジェンチ プレシザ パガール ペロ メーノス ウン メス アンチス

私たちは少なくとも1ヶ月前に支払う必要があるわ。

ワンポイント 『pelo menos』少なくとも 『um mês antes』1ヶ月前

55 どんな〜?

Que tipo de 〜 ?

基本フレーズ

Que tipo de comida você adora?
キ チポ ジ コミーダ ヴォセー アドーラ

どんな食べものが大好き？

こんなときに使おう！
相手を食事に誘うときに…

『Que tipo de + 名詞 〜？』は、「どんな〜？」とたずねる表現です。『〜』には疑問文がきます。ジャンルや種類をたずねるときによく使います。名詞には冠詞がつかないので注意しましょう。

基本パターン

Que tipo de + 名詞 + 疑問文 ?

どんな〜？／Que tipo de 〜？

😊 基本パターンで言ってみよう!

Que tipo de moça é ela?
キ　チポ　ジ　モッサ　エ　エーラ

彼女はどんな子なの？

Que tipo de carro você quer comprar?
キ　チポ　ジ　カーホ　ヴォセー　ケール　コンプラール

どんな車を買いたいの？

Que tipo de presente você vai dar para ela?
キ　チポ　ジ　プレゼンチ　ヴォセー　ヴァイ　ダール　パラ　エーラ

どんなプレゼントを彼女にあげるの？

Que tipo de bebida você adora?
キ　チポ　ジ　ベビーダ　ヴォセー　アドラ

どんな飲み物が大好きなの？

⚠️ これも知っておこう!

「どのジャンルの〜？」と聞きたいときは『Que gênero de + 名詞 〜？』と言うことができます。

Que gênero de música você quer ouvir?
キ　ジェネロ　ジ　ムジカ　ヴォセー　ケール　オーヴィール

どのジャンルの音楽を聴きたい？

Que gênero de livro você lê?
キ　ジェネロ　ジ　リーヴロ　ヴォセー　レー

どのジャンルの本を読むの？

56 よく～するの？

Você costuma ～ ?

基本フレーズ

Você costuma vir aqui?
ヴォセー コストゥマ ヴィール アキー
ここにはよく来るの？

こんなときに使おう！
偶然、誰かに会ったときに…

『Você costuma ＋ 動詞の原形 ?』は、「あなたは（君は）よく～するの？」と習慣や頻度をたずねる表現です。『costuma』の原形は、-ar動詞のcostumarです。

基本パターン

Você costuma ＋ 動詞の原形 ?

基本パターンで言ってみよう！

Você costuma comer fora?
ヴォセー コストゥマ コメール フォラ
よく外食するの？

よく〜するの？／Você costuma 〜？

Você costuma ir beber?
ヴォセー コストゥマ イール ベベール

よく飲みに行くの？

Você costuma ir para a academia?
ヴォセー コストゥマ イール パラ ア アカデミーア

よくジムに行くの？

Você costuma almoçar aqui?
ヴォセー コストゥマ アウモッサール アキー

よくここで昼食するの？

⚠ これも知っておこう！ ——頻度を表す単語・表現

uma vez	一度
duas vezes	二度
uma vez por semana	週に一度
todos os dias	毎日
todas as semanas	毎週
todos os meses	毎月
sempre	いつも
frequentemente	頻繁に
geralmente	たいてい
às vezes	ときどき
nunca	決して〜ない

57 ～そうだね

Parece ～

基本フレーズ

Parece gostoso.
パレッシ　ゴストーゾ
おいしそうだね。

こんなときに使おう!
相手が作った料理を見て…

『Parece + 形容詞 』は、「～そうだね」という表現です。

何かを見たときや、相手の話を聞いて感じたことを言うときに使います。

●基本パターン●

Parece ＋ 形容詞 .

～そうだね／Parece ～

基本パターンで言ってみよう!

Parece complicado.
（パレッシ　コンプリカード）
複雑そうだね。

Parece interessante.
（パレッシ　インテレッサンチ）
おもしろそうだね。

Parece difícil.
（パレッシ　ジフィーシウ）
難しそうだね。

Parece esquisito.
（パレッシ　エスキジート）
変わってそうだね。

Parece importante.
（パレッシ　インポルタンチ）
重要そうだね。

Parece caro.
（パレッシ　カーロ）
高価そうだね。

Parece fácil.
（パレッシ　ファーシウ）
簡単そうだね。

58 〜によるよ

Depende de 〜

基本フレーズ

Depende do tempo.
デペンジ ド テンポ
天気によるよ。

こんなときに使おう!
明日、出かけるかどうか聞かれて…

『Depende de + 名詞 』は、「〜による」という表現で、物事が何かに左右されるときに使います。

『de』は、あとに続く名詞につく定冠詞と縮約し、do, da, dos, dasとなることがあります。

「人による」と言いたいときは『Depende das pessoas.』と言います。

基本パターン

Depende de + 名詞 .

～によるよ／Depende de ～

基本パターンで言ってみよう!

Depende da condição.
(デペンジ ダ コンジサウン)

条件によるよ。

Depende do preço.
(デペンジ ド プレッソ)

値段によるよ。

Depende dela.
(デペンジ デーラ)

彼女によるよ。

> **ワンポイント** dela＝de＋ela　　ちなみにdele＝de＋ele

Depende da sua opinião.
(デペンジ ダ スア オピニアウン)

君の意見によるよ。

Depende do resultado.
(デペンジ ド ヘズウタード)

結果によるよ。

Depende da data.
(デペンジ ダ ダータ)

日にちによるよ。

Depende da disponibilidade dele.
(デペンジ ダ ジスポニビリダージ デーリ)

彼の都合によるよ。

59 〜ってこと?

Quer dizer 〜 ?

基本フレーズ

ケール ジゼール キ エーラ テン ハザウン
Quer dizer que ela tem razão?
彼女が正しいってこと?

こんなときに使おう!
相談ごとをしたときに…

『Quer dizer 〜?』は、さっき知ったばかりの事柄や、はっきりしない事柄について、「〜ってこと?」と確認をする表現です。

『〜』が物の場合は『名詞』、動作の場合は『que + 文章 』がきます。

相手が言ったことに対して、『Quer dizer 〜?』と言うこともできます。

●基本パターン●

Quer dizer ＋ 名詞 ?

Quer dizer ＋ que ＋ 文章 ?

〜ってこと？／Quer dizer 〜 ?

基本パターンで言ってみよう!

Quer dizer que ele não está em casa?
ケール ジゼール キ エーリ ナウン エスター エン カーザ

彼は家にいないってこと？

Quer dizer que ela vai viver no Brasil?
ケール ジゼール キ エーラ ヴァイ ヴィヴェール ノ ブラジウ

彼女はブラジルに住むってこと？

Quer dizer que eu tenho que pagar a conta?
ケール ジゼール キ エウ テーニョ キ パガール ア コンタ

僕が勘定を支払うってこと？

Quer dizer que eu tenho responsabilidade?
ケール ジゼール キ エウ テーニョ ヘスポンサビリダージ

僕に責任があるってこと？

これも知っておこう!

『 名詞A ＋quer dizer＋ 名詞B ？』は、「AはBっていう意味なの？」のように、意味を聞く表現です。意味を聞くときは『O que quer dizer 〜？』となります。

"Nippon" quer dizer "Japão"?
ニッポン ケール ジゼール ジャパウン

「ニッポン」は「日本」っていう意味？

O que quer dizer "Nippon"?
オ キ ケール ジゼール ニッポン

「ニッポン」って、どういう意味？

60 〜だよね？

〜, não é mesmo?

基本フレーズ

ヴォセー ゴスタ ジ カルニ ナウン エ メズモ
Você gosta de carne, não é mesmo?
肉が好きなんでしょ？

こんなときに使おう！
「〜だよね？」と相手に同意を求めるときに…

『〜, não é mesmo?』は、「〜だよね？」と、自分の感じていることや思っていることに対して、相手の同意を求めたり、確認をしたりする表現です。

ポルトガル語会話では同様の表現で『não é?』『não é verdade?』『né?』もありますが、『não é mesmo?』が最も強意なので、これを紹介しましょう。

相手に『〜, não é mesmo?』と言われたら、『Eu acho que sim.（そう思う）』『Eu acho que não.（そうは思わない）』などと答えましょう。

●基本パターン●

文章 ， não é mesmo ？

～だよね？／～, não é mesmo?

基本パターンで言ってみよう!

Você trabalha na fábrica, não é mesmo?
ヴォセー トラバーリャ ナ ファブリカ ナウン エ メズモ

工場で働いているんだよね？

Você é casado, não é mesmo?
ヴォセー エ カザード ナウン エ メズモ

結婚しているんだよね？

ワンポイント　「独身」は『solteiro』

Você não gosta muito dele, não é mesmo?
ヴォセー ナウン ゴスタ ムイント デーリ ナウン エ メズモ

彼のこと、あまり好きじゃないんでしょ？

Vocês namoram, não é mesmo?
ヴォセース ナモラン ナウン エ メズモ

君たち、つき合っているんだよね？

ワンポイント　『namoram』お互いに恋愛している

Amanhã você não tem trabalho, não é mesmo?
アマニャン ヴォセー ナウン テン トラバーリョ ナウン エ メズモ

明日、仕事はないんでしょ？

Você está livre hoje à noite, não é mesmo?
ヴォセー エスター リブリ オージ ア ノイチ ナウン エ メズモ

今夜、あいているんだよね？

61 〜はどんな感じ?

Como é 〜 ?

基本フレーズ

Como é o seu namorado?
コモ エ オ セウ ナモラード
あなたの彼ってどんな感じ?

こんなときに使おう!
友達の彼がどんな人なのかを知りたいときに…

『Como é + 名詞 ?』は、「〜はどんな感じ?」という表現です。複数形の場合は、『Como são 〜?』となります。

「〜はどんな感じだった?」と過去のことを聞きたいときは、『Como foi 〜?（単数）』『Como foram 〜?（複数）』などとします。

ちなみに「あなたの彼女ってどんな感じ?」だと『Como é a sua namorada?』となります。

基本パターン

Como é + 名詞 ?

~はどんな感じ？／Como é ~?

😊 基本パターンで言ってみよう!

Como é o tempo?
天気はどんな感じ？

Como é o seu marido?
あなたの旦那さんはどんな感じ？

Como é o sabor?
味はどう？

Como é o seu carro?
あなたの車はどんな感じ？

Como é a Avenida Paulista?
パウリスタ大通りってどんな感じ？

⚠️ これも知っておこう!

「~はどうだった？」は『Como foi ~?』となります。『~』には名詞がきます。

Como foi a entrevista? 〔過去形〕
面接はどうだった？

Como foi a cerimônia de casamento?
結婚式はどんな感じだった？ 〔過去形〕

62 ～はうまくいった？

Passou em ～ ?

基本フレーズ

Passou no exame?
パッソー ノ エザーミ
試験はうまくいった？

こんなときに使おう！
最近、試験を受けた友達に…

『Passou em + 名詞 ?』は、「～はうまくいった？」「～はどうだった？」という表現です。良い結果や、いい知らせを期待しているときなどに使います。

『em + 定冠詞』の縮約でno, na, nos, nasとなります。『Passou』は、動詞passarの過去形3人称単数形です。

基本パターン

Passou em + 名詞 ?

〜はうまくいった？／Passou em 〜?

基本パターンで言ってみよう!

Passou?
（パッソー）
うまくいった？

Passou no teste?
（パッソー ノ テスチ）
テストはうまくいった？

Passou na apresentação?
（パッソー ナ アプレゼンタサウン）
プレゼンテーションはうまくいった？

Passou na entrevista?
（パッソー ナ エントレヴィスタ）
面接はうまくいった？

これも知っておこう!

『Como acabou 〜?』とすると、「〜はどんなふうに終わった？」という表現になります。

Como acabou a partida?　試合はどんなふうに終わった？
（コモ アカボー ア パルチーダ）

Como acabou a reunião?　会議はどんなふうに終わった？
（コモ アカボー ア ヘウニアウン）

63 〜がんばってね！

Boa sorte no / na 〜！

基本フレーズ

Boa sorte na entrevista!
ボア　ソルチ　ナ　エントレヴィスタ
面接がんばってね！

こんなときに使おう！
会社の面接に行く知り合いに…

『Boa sorte no / na 〜！』は、「〜をがんばって！」という表現です。『Boa sorte.』は「幸運を祈ります」という意味ですが、日本語の「がんばって！」にあたることばです。no, naは前置詞emと定冠詞o, aの縮約です。

『Força!』『Vamos!』などは、掛け声の「がんばれ！」になります。

●基本パターン●

Boa sorte no / na ＋ 名詞 ！

～がんばってね！／Boa sorte no / na ～！

基本パターンで言ってみよう!

Boa sorte no novo trabalho!
ボア　ソルチ　ノ　ノーヴォ　トラバーリョ

新しい仕事、がんばってね！

Boa sorte na apresentação!
ボア　ソルチ　ナ　アプレゼンタサウン

プレゼンテーション、がんばってね！

Boa sorte na reunião!
ボア　ソルチ　ナ　ヘウニアウン

会議、がんばってね！

Boa sorte na partida!
ボア　ソルチ　ナ　パルチーダ

試合、がんばって！

Boa sorte no encontro!
ボア　ソルチ　ノ　エンコントロ

デート、がんばってね！

Boa sorte amanhã!
ボア　ソルチ　アマニャン

明日、がんばってね！

ワンポイント 『amanhã』が続く場合は、no, naなどは不要

64 ～おめでとう！

Parabéns por ～！

基本フレーズ

Parabéns pelo casamento!
（パラベンス ペロ カザメント）
ご結婚おめでとう！

こんなときに使おう！
結婚した友達に…

『Parabéns por + 名詞 !』は、「～おめでとう！」という表現です。名詞につく定冠詞とporが縮約してpelo, pela, pelos, pelasとなります。

『Parabéns!（おめでとう！）』だけでも使えます。

●基本パターン●

Parabéns por ＋ 名詞 !

〜おめでとう！／Parabéns por 〜！

基本パターンで言ってみよう!

Parabéns pela formatura!
（パラベンス　ペラ　フォルマトゥーラ）
ご卒業おめでとう！

Parabéns pelo sucesso!
（パラベンス　ペロ　スセッソ）
ご成功おめでとう！

Parabéns por dar à luz!
（パラベンス　ポル　ダール　ア　ルス）
ご出産おめでとう！

Parabéns pela promoção!
（パラベンス　ペラ　プロモサウン）
ご昇任おめでとう！

これも知っておこう!

『Feliz 〜！』で「〜おめでとう！」を表す場合もあります。季節の行事や誕生日などです。

Feliz Ano Novo!　新年おめでとうございます！
（フェリース　アーノ　ノーヴォ）

　ワンポイント　ポルトガルでは『Bom Ano Novo!』と言います。

Feliz Natal!　メリークリスマス！
（フェリース　ナタウ）

　ワンポイント　ポルトガルでは『Boas Festas!』と言います。

Feliz Aniversário!　お誕生日おめでとう！
（フェリース　アニヴェルサリオ）

65 〜の場合には

Em caso de 〜

基本フレーズ

エン カーゾ ジ シュヴァ アマニャン エウ ヴォー フィカール エン カーザ
Em caso de chuva amanhã, eu vou ficar em casa.
明日、雨が降れば、家にいます。

こんなときに使おう！
翌日、雨が降りそうなときに…

『Em caso de 〜』は、「〜の場合には」という表現です。『〜』には名詞がきて、そのあとに文章が続きます。

●基本パターン●

Em caso de ＋ 名詞 ， 文章 ．

～の場合には／Em caso de ～

基本パターンで言ってみよう!

Em caso de doença, você pode me avisar.
病気の場合は、私に知らせてください。

Em caso de dúvidas, entre em contato.
疑問がある場合は、連絡してください。

Em caso de urgência, você pode telefonar para o escritório.
至急の場合は、事務所に電話してください。

（ワンポイント）「緊急事態」は『emergência』

Em caso de problema, você precisa falar com os colegas.
問題がある場合は、同僚らと話す必要があります。

Em caso de demora, a gente não vai esperar.
遅れる場合は、私たちは待ちませんよ。

66 何時に〜？

A que horas 〜 ?

基本フレーズ

ア　キ　オーラス　ア　ジェンチ　ヴァイ　エンコントラール
A que horas a gente vai encontrar?
何時に会いましょうか？

こんなときに使おう！
相手と待ち合わせをするときに…

『A que horas 〜?』は、「何時に〜？」という表現です。

『A que horas 〜?』と聞かれたら、『Às dez.（10時に）』『Por volta das dez.（10時頃に）』などと答えます。

「1時に」は『À uma.』、「2時に」は『Às duas.』というように、「〜に」は、2時以降から『Às 〜』になります。

基本パターン

A que horas 〜　＋　疑問文 ?

何時に〜？／A que horas 〜？

基本パターンで言ってみよう!

A que horas a gente vai começar?
ア キ オーラス ア ジェンチ ヴァイ コメサール

何時に始めようか？

A que horas ele vai chegar em casa?
ア キ オーラス エーリ ヴァイ シェガール エン カーザ

何時にご帰宅ですか？

A que horas a gente vai partir?
ア キ オーラス ア ジェンチ ヴァイ パルチール

何時に出発しようか？

A que horas o cliente vai chegar?
ア キ オーラス オ クリエンチ ヴァイ シェガール

何時にお客さんが到着しますか？

A que horas você vai terminar o trabalho?
ア キ オーラス ヴォセー ヴァイ テルミナール オ トラバーリョ

何時に仕事を終えるの？

A que horas você partiu?
ア キ オーラス ヴォセー パルチウ

何時に出発したの？

A que horas você chegou?
ア キ オーラス ヴォセー シェゴー

何時に着いたの？

A que horas o jantar está pronto?
ア キ オーラス オ ジャンタール エスター プロント

何時に夕食が出来上がるの？

これも知っておこう!

【時刻の表し方】

9:00
nove
nove em ponto

9:05
nove e cinco

9:15
nove e quinze

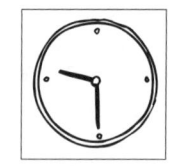

9:30
nove e meia
nove e trinta

9:45
nove e quarenta e cinco
quinze para as dez

9:50
nove e cinquenta
dez para as dez

24:00
meia-noite
zero

12:00
meio-dia
doze

【いろいろな時刻の表現のしかた】

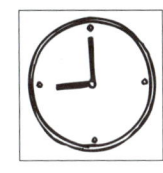

9時です。
São nove horas.

午前9時です。
São nove horas da manhã.

だいたい9時です。
São quase nove horas.

正午です。
É meio-dia.

午後2時です。
São duas horas da tarde.

午前0時です。
É meia-noite.

II 使える！頻出パターン51

67 ～を楽しみにしているよ

Eu estou ansioso para ～

基本フレーズ

エウ　エストー　アンシオーゾ　パラ　イールア　キョウト
Eu estou ansioso para ir a Kyoto.
京都に行くのを楽しみにしているよ。

こんなときに使おう！
友人との旅行の出発を控えて…

『Eu estou ansioso(a) para ＋ 動詞の原形 』は、「～を楽しみにしている」という表現です。「～が待ち遠しい」という意味でも使われます。主語が省略されることがあります。

主語が男性の場合は『ansioso』、女性の場合は『ansiosa』となります。

● 基本パターン ●

Eu estou ansioso(a) para ＋ 動詞の原形 .

～を楽しみにしているよ／Eu estou ansioso para ～

基本パターンで言ってみよう!

Eu estou ansioso para ir ao Brasil.
ブラジルに行くのを楽しみしているよ。

Eu estou ansioso para ver outra vez.
また会えるのを楽しみにしているよ。

Eu estou ansioso para partir.
出発が待ち遠しいです。

Eu estou ansioso para ver você no fim de semana.
週末に君に会えるのが楽しみだよ。

Eu estou ansiosa para chegar na casa dos meus pais.
両親の家に到着するのが待ち遠しいわ。

Eu estou ansiosa para visitar "Nikko".
日光を訪れるのが待ち遠しいわ。

Eu estou ansiosa para comer as comidas brasileiras.
ブラジル料理を食べるのが楽しみだわ。

Eu estou ansiosa para ouvir o concerto dele.
彼のコンサートを聞くのが待ち遠しいわ。

68 ～で困っているの

Eu tenho um problema com ～

基本フレーズ

エウ テーニョ ウン プロブレーマ コン オ コンプタドール
Eu tenho um problema com o computador.
パソコンのことで困っているの。

こんなときに使おう！
パソコンの調子が悪いときに…

『Eu tenho um problema com ＋ 名詞 』は、「～で困っている」という表現です。「～のことで問題を抱えている」という表現としても使えます。主語が省略されることがあります。

『tenho』の原形は『ter』です。主語にしたがってtenho, tem, temos, têmと活用します。

●基本パターン●

主語 ＋ terの活用形 ＋ um problema com ＋ 名詞 ．

～で困っているの／Eu tenho um problema com ～

基本パターンで言ってみよう!

<ruby>Eu<rt>エウ</rt></ruby> <ruby>tenho<rt>テーニョ</rt></ruby> <ruby>um<rt>ウン</rt></ruby> <ruby>problema<rt>プロブレーマ</rt></ruby> <ruby>com<rt>コン</rt></ruby> <ruby>o<rt>オ</rt></ruby> <ruby>trabalho<rt>トラバーリョ</rt></ruby>.
Eu tenho um problema com o trabalho.
仕事のことで困っているの。

Eu tenho um problema com essa máquina.
その機械のことで困っているの。

Eu tenho um problema com o vizinho.
隣人のことで困っているの。

Ele tem um problema com a família.
彼は家族のことで困っているの。

A gente tem um problema para resolver.
僕たちは、解決しなければならない問題があるんだ。

O chefe tem um problema com esse projeto.
上司はそのプロジェクトで困っている。

これも知っておこう!

『Eu tenho um problema com ～』の表現は『Eu estou com um problema de（またはemなど）～』とも言えます。

Eu estou com um problema no computador.
パソコンのことで困っているの。

69 〜だから

porque 〜

基本フレーズ 🎵

エウ エストー エン カーザ ポルキ エウ エストー カンサード
Eu estou em casa porque eu estou cansado.
疲れているから家にいるよ。

こんなときに使おう！
「一緒に食事に行かない？」という誘いに…

『 文章A （結果）＋ porque ＋ 文章B （理由）』は、「BだからA」と理由を表す表現です。

日本語の文章とは順序が逆で、理由となる文章が『porque』のあとにきます。

●基本パターン●

文章A（結果） ＋ porque ＋ 文章B（理由） .

～だから／porque～

基本パターンで言ってみよう!

Eu vou telefonar mais tarde porque eu não tenho tempo agora.
エウ ヴォー テレフォナール マイス タルジ ポルキ エウ ナウン テーニョ テンポ アゴーラ

今時間がないから、あとで電話するよ。

Eu não vou comer porque eu não estou com fome.
エウ ナウン ヴォー コメール ポルキ エウ ナウン エストー コン フォーミ

お腹がすいていないから、食べないよ。

Eu vou chegar atrasado porque o trânsito está ruim.
エウ ヴォー シェガール アトラザード ポルキ オ トランジト エスター フイン

渋滞だから、遅れるよ。

Eu gosto muito dele porque ele é simpático.
エウ ゴスト ムイント デーリ ポルキ エーリ エ シンパチコ

彼は感じがいい人だから、好きだよ。

Eu vou partir de casa agora porque eu me levantei tarde.
エウ ヴォー パルチール ジ カーザ アゴーラ ポルキ エウ ミ レヴァンテイ タルジ

起きるのが遅かったから、今から家を出るよ。

70 〜のとき

Quando 〜

基本フレーズ

クアンド エウ シェガール エン カーザ エウ テレフォノ パラ ヴォセー
Quando eu chegar em casa, eu telefono para você.
家に着いたとき、電話するね。

こんなときに使おう！
出発の見送りに来てくれた友人に…

『Quando + 主語 + 動詞の現在形 , 文章』は、「〜するとき、…する」という表現です。現在のことか、もしくは条件について言うときに用います。

未来のことについては、『Quando + 主語 + 動詞の接続法未来形 , 文章』を用います。規則動詞の接続法未来形1人称単数と3人称単数は原形と同じです。不規則動詞は相違します。

● 基本パターン ●

Quando ＋ 主語 ＋ 動詞の現在形／動詞の接続法未来形 , 文章 .

〜のとき／Quando 〜

基本パターンで言ってみよう!

クアンド　エウ エスチヴェール リヴリ　エウ チ　エスクレヴォ　ウン イー メーユ
Quando eu estiver livre, eu te escrevo um e-mail.

時間があいたとき、君にメールするね。

ワンポイント　『te』君に

クアンド　ヴォセー エスチヴェール プロント　ヴォセー ポジ ミ アヴィザール
Quando você estiver pronto, você pode me avisar.

準備ができたら、私に知らせてね。

クアンド　エウ エストー　カンサーダ　エウ ナウン テーニョ ヴォンタージ ジ サイール
Quando eu estou cansada, eu não tenho vontade de sair.

疲れているときは、外出したくないです。

ワンポイント　『tenho vontade de ＋ 動詞の原形 』〜したいと思う

応 用

　過去に起こったことで、「〜したとき、…していた」という表現は『Quando ＋ 過去形(〜したとき) , 半過去形(…していた) 』となります。過去形と半過去形が入れかわることもあります。

クアンド　エウ パルチ　ショヴィア
Quando eu parti, chovia.

出発したとき、雨が降っていた。

クアンド　ア ジェンチ　ネゴシアーヴァ　エーリ サイウ ダ サーラ
Quando a gente negociava, ele saiu da sala.

交渉をしていたとき、彼は部屋から出て行った。

71 もし〜だったら、…

Se 〜, …

基本フレーズ

シ パラール ジ ショヴェール エウ ヴォー サイール
Se parar de chover, eu vou sair.
もし雨がやんだら、外出するよ。

こんなときに使おう！
今日の予定を聞かれて…

『Se 〜』は、「もし〜なら、…するよ」という表現です。未来における不確実な要素を含むときに用います。Seのあとは接続法未来形の動詞がきます。

非現実的で仮想するようなときは（もし私が鳥であったら、空を飛べるのだが）、接続法半過去形を使いますが、本書ではそこまでは取り扱いません。

基本パターン

Se ＋ 動詞の接続法未来形 ， 文章 ．

もし〜だったら、…／Se 〜, …

😊 基本パターンで言ってみよう!

シ　エーリ ヴィエール アキー　ア ジェンチ ヴァイ ベベール
Se ele vier aqui**,** a gente vai beber!

もし彼がここに来れば、一緒に飲もう！

シ　フィゼール ソウ ア タルジ　ア ジェンチ ヴァイ　パラ　オ　ショッピング　センテール
Se fizer sol à tarde**,** a gente vai para o shopping center.

午後に晴れれば、ショッピングセンターに行こう。

シ　オ　パコッチ　ナウン シェガール オージ　エウ ヴォー　テレフォナール
Se o pacote não chegar hoje**,** eu vou telefonar.

もし小包が今日着かなければ、電話しよう。

シ　ヴォセー ヴィールエーラ ヴォセー　ポジ　エントレガール　オ　プレゼンチ
Se você vir ela**,** você pode entregar o presente.

もし彼女に会ったら、プレゼントを渡してね。

シ　オ プロジェート フィゼール スセッソ　オ　キ　ア ジェンチ ヴァイファゼール
Se o projeto fizer sucesso**,** o que a gente vai fazer?

プロジェクトが成功すれば、どうしようか？

⚠ これも知っておこう!

『Se quiser, 〜』は「もしよければ」の意味です。『quiser』は『querer』の接続法未来形です。定型表現として使ってみましょう。

シ　キゼール　エウ　コンヴィド　ヴォセー　パラ ジャンタール
Se quiser, eu convido você para jantar.

もしよければ、あなたを夕食に招待します。

II 使える！頻出パターン51

72 ～のほうが…だ

mais ＋ 形容詞 ＋ do que …

基本フレーズ

Essa comida é mais salgada do que aquela.
エッサ　コミーダ　エ　マイス　サウガーダ　ド　キ　アケーラ

その料理は、あれよりもしょっぱい。

こんなときに使おう！
ビュッフェ式レストランで料理を選んでいるときに…

『 名詞A ＋é mais＋ 形容詞 ＋do que＋ 名詞B 』は、「AはBより～だ」という比較を表す表現です。『do』が省略されることがあります。

●基本パターン●

名詞A ＋ é mais ＋ 形容詞 ＋ do que ＋ 名詞B .

基本パターンで言ってみよう！

Esse produto é mais barato do que aquele.
エッシ　プロドゥート　エ　マイス　バラート　ド　キ　アケーリ

この製品はあれよりも安い。

〜のほうが…だ／mais＋形容詞＋do que …

Esse trabalho é mais difícil do que outro.
エッシ トラバーリョ エ マイス ジフィーシウド ド キ オートロ

その仕事はもう一つの仕事よりも難しい。

Ela é mais nova do que outra colega.
エーラ エ マイス ノーヴァ ド キ オートラ コレーガ

彼女はもう一人の同僚よりも若い。

Ela fala mais rápido do que aquele colega.
エーラ ファーラ マイス ハピド ド キ アケーリ コレーガ

彼女はあの同僚よりも早口だ。

> **ワンポイント** 副詞の比較級は『 主語 ＋ 動詞 ＋mais＋ 副詞 ＋do que 〜』

⚠ これも知っておこう!

①形容詞の最上級

『 名詞A ＋é＋ 定冠詞(o/a) ＋mais＋ 形容詞 ＋de todos (todas).』
は、「Aはすべての中で最も〜だ」と最上級を表します。

Essa peça é a mais cara de todas.
エッサ ペッサ エ ア マイス カーラ ジ トーダス

この部品がすべての中で最も高価だ。

②副詞の最上級は –íssimo　　性・数変化なし

Ele fala rapidíssimo.
エーリ ファーラ ハピジッシモ

彼は最も早口だ。

⚠️ これも知っておこう!

『mais』を用いない比較級

以下の単語は、比較級の文章において『mais』を必要としません。どれも基本的なもので、よく使いますので、覚えておきましょう。

grande（大きい）⇒ maior
pequeno（小さい）⇒ menor
bom（良い）⇒ melhor
mau（悪い）⇒ pior

Essa taça é maior do que aquela.
エッサ タッサ エ マイオール ド キ アケーラ
このグラスはあれより大きい。

A minha namorada é menor do que a sua namorada.
ア ミーニャ ナモラーダ エ メノール ド キ ア スア ナモラーダ
僕の恋人は、彼の恋人より小柄だ。

Hoje eu estou melhor do que ontem.
オージ エウ エストー メリョール ド キ オンテン
今日、私は昨日より元気だよ。

A venda deste ano é pior do que a venda do ano passado.
ア ヴェンダ デスチ アーノ エ ピオール ド キ ア ヴェンダ ド アーノ パッサード
今年の売上は、去年の売上よりも悪い。

[著者]

浜岡究（はまおか・きわむ）

目白大学外国語学部非常勤講師。

著書：『新版はじめてのポルトガル語』『ポルトガル語が1週間でいとも簡単に話せるようになる本』(以上、明日香出版社)他。

CD BOOK たったの72パターンでこんなに話せるポルトガル語会話

| 2013 年　4 月 24 日　初版発行 |
| 2022 年 12 月 12 日　第13刷発行 |

著　　者	浜　岡　　　究
発　行　者	石　野　栄　一
発　行　所	明日香出版社
	〒112-0005　東京都文京区水道2-11-5
	電話　03-5395-7650(代表)
	https://www.asuka-g.co.jp
印　　刷	株式会社研文社
製　　本	根本製本株式会社

©Kiwamu Hamaoka 2013 Printed in Japan　ISBN 978-4-7569-1620-4 C2087

落丁・乱丁本はお取り替えいたします。
本書の内容に関するお問い合わせは弊社ホームページからお願いいたします。

🆑 フランス語会話フレーズブック

フランス好きの著者と、日本在住のフランス人がまとめた、本当に使えるフランス語会話フレーズ集！ 基本的な日常会話フレーズだけでなく、読んでいるだけでためになるフランス情報ガイド的な要素も盛り込みました。CD 3枚付き！（日本語→フランス語収録）

井上　大輔
エリック・フィオー
井上　真理子
本体価格2800円+税
B6変型 <416>
978-4-7569-1153-7
08/01 発行

🆑 イタリア語会話フレーズブック

日常生活で役立つイタリア語の会話フレーズを2900収録。状況別・場面別に、よく使う会話表現を掲載。海外赴任・留学・旅行・出張で役立つ表現も掲載。あらゆるシーンに対応できる、会話表現集の決定版！

ビアンカ・ユキ
ジョルジョ・ゴリエリ
本体価格2800円+税
B6変型 <360>
978-4-7569-1050-9
07/03 発行

🆑 スペイン語会話フレーズブック

日常生活で役立つスペイン語の会話フレーズを2900収録。状況別に、よく使う会話表現を掲載。スペイン語は南米の国々でも使われています。海外赴任・留学・旅行・出張で役立つ表現も掲載。あらゆるシーンに対応できる会話表現集の決定版！

林　昌子
本体価格2900円+税
B6変型 <408>
4-7569-0980-9
06/05 発行

🆑 ドイツ語会話フレーズブック

日常生活で役立つドイツ語の会話フレーズを2900収録。状況別に、よく使う会話表現を掲載。海外赴任・留学・旅行・出張で役立つ表現も掲載。カードに添える言葉、若者言葉なども紹介しています。

岩井　千佳子
アンゲリカ・フォーゲル
本体価格2900円+税
B6変型 <400>
4-7569-0955-8
06/02 発行

🆑 ロシア語会話フレーズブック

日常生活で役立つロシア語の会話フレーズを2900収録。状況別・場面別に、よく使う会話表現を掲載。海外赴任・留学・旅行・出張で役立つ表現も掲載。手紙の書き方なども紹介しています。

岩切　良信
本体価格3000円+税
B6変型 <352>
4-7569-0905-1
05/08 発行

🆑 ポルトガル語会話フレーズブック

日常生活で役立つ会話フレーズを約2900収録。状況別に、よく使う会話表現を掲載。海外赴任・留学・旅行・出張で役立つ表現も掲載。本書では、ブラジルのポルトガル語とヨーロッパのポルトガル語の両方の表現を掲載しています。

カレイラ松崎順子
フレデリコ・カレイラ
本体価格2900円+税
B6変型 <336>
4-7569-1032-7
06/12 発行

🆑 韓国語会話フレーズブック

日常生活で役立つ韓国語の会話フレーズを2900収録。状況別・場面別に、よく使う会話表現を掲載。近年、韓国を訪れる日本人が増えています。海外赴任・留学・旅行・出張で役立つ表現も掲載。あらゆるシーンに対応できる、会話表現集の決定版！

李　明姫
本体価格2800円+税
B6変型 <464>
4-7569-0887-X
05/06 発行

英会話ダイアローグブック

多岐川恵理

本体価格 2400 円+税
B6 変型　384 ページ
ISBN978-4-7569-1336-4
2009/10 発行

リアルな日常表現 180 場面！
『フレーズブック』の次におすすめしたい本

＜リアルな日常会話集！＞
仕事・遊び・恋！　日常のひとこま、ビジネス、恋愛や友達との会話で使ってみたくなる表現が満載。「恋愛」「電話」「酒の席」「パソコン」など、日常会話のさまざまな場面を設定し、そのテーマで必ずおさえておきたい表現を盛り込んだダイアローグを豊富にそろえました。超・リアルな会話を通して、ナマの英語表現が今すぐ身につきます。

＜聴くだけで楽しい！＞
CD 2 枚に、英語と日本語の両方のダイアローグを収録。
読むだけで・聴くだけで楽しい、英会話集の決定版！

＜こんな方にオススメです＞
・『英会話フレーズブック』を気に入ってくださった方
・ナチュラルな英語を使いこなしたい方
・文法をコツコツ勉強するより、とにかく会話を楽しみたい方

CD BOOK たったの72パターンで こんなに話せる英会話

味園　真紀：著

本体価格　1400円＋税
B6変型　216ページ
ISBN4-7569-0832-2
2005/01発行

**全国で大好評発売中！
英語ぎらいな人も、
英語が好きな人も、
必ず英語が話せるようになる！**

CD BOOK 72パターンに＋α（プラスアルファ）で 何でも話せる英会話

味園　真紀：著

本体価格　1400円＋税
B6変型　216ページ
ISBN4-7569-0931-0
2005/11発行

**『たったの72パターンで
こんなに話せる英会話』
の次は、この本にチャレンジ！
英語ぎらいなあなたでも
だいじょうぶ。**

CD BOOK たったの72パターンで
こんなに話せる**イタリア語会話**

ビアンカ・ユキ/ジョルジョ・ゴリエリ：著

本体価格1800円+税
B6変型　224ページ
ISBN4-7569-1397-5
2010/07発行

『72パターン』を使い回せば、
誰でも必ず話せる！
これでもう
フレーズ丸暗記の必要ナシ！

CD BOOK たったの72パターンで
こんなに話せる**フランス語会話**

小林　知子 / エリック・フィオー：著

本体価格1800円+税
B6変型　224ページ
ISBN978-4-7569-1403-3
2010/08発行

『72パターン』を使い回せば、
誰でも必ず話せる！
これでもう
フレーズ丸暗記の必要ナシ！

CD BOOK たったの72パターンで こんなに話せる 中国語会話

趙怡華：著

本体価格1800円+税
B6変型　216ページ
IISBN978-4-7569-1448-4
2011/03発行

『72パターン』を使い回せば、
誰でも必ず話せる！
これでもう
フレーズ丸暗記の必要ナシ！

CD BOOK たったの72パターンで こんなに話せる 韓国語会話

李　明姫：著

本体価格1800円+税
B6変型　216ページ
ISBN978-4-7569-1461-3
2011/05発行

『72パターン』を使い回せば、
誰でも必ず話せる！
これでもう
フレーズ丸暗記の必要ナシ！